Gramática y Ortografía para Primaria

Santillana

La **Gramática y Ortografía para Primaria** es una obra colectiva concebida, diseñada y creada en el Departamento de Ediciones Educativas de Santillana Educación, S. L., bajo la dirección de **Enrique Juan Redal**.

Dirección del proyecto: Mercedes Rubio Cordovés
Edición: Rosario Calderón Soto
Redacción: Paula López Hortas y Rosario Calderón Soto

Dirección de arte: José Crespo González
Proyecto gráfico:
Portada: Cristina Vergara Echarri
Interiores: Cristina Vergara Echarri y Rosa Marín González
Jefe de proyecto: Rosa Marín González
Desarrollo gráfico: Javier Tejeda de la Calle, José Luis García Bermejo, Raúl de Andrés González

Dirección técnica: Ángel García Encinar
Coordinación técnica: Ángeles Bárzano Caraballo
Composición, confección y montaje: Luis González Prieto
Corrección: Gerardo García García y Pilar Pérez Pardo

Torrelaguna, 60-28043 Madrid
PRINTED IN SPAIN
Impreso en España en

ISBN: 84-294-7055-7
CP: 706204
Depósito legal: M-54938-2003

Índice

Gramática

Índice

Gramática Primaria

1

El **lenguaje** y las **lenguas**

El lenguaje es el principal medio de comunicación entre los seres humanos.

Tipos de lenguaje

- El **lenguaje oral**: el que usamos cuando hablamos.
- El **lenguaje escrito**: el que usamos cuando escribimos. Un libro es un ejemplo de lenguaje escrito.

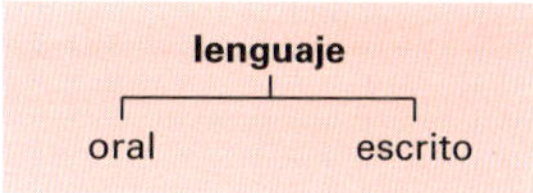

Otras formas de comunicación

- Los **gestos** (guiñar un ojo o saludar con la mano).
- Las **señales visuales** (la luz roja de un semáforo o una bandera blanca).
- Las **señales acústicas** (el sonido del claxon del coche o el del silbato al terminar un partido de fútbol).

La lengua es el conjunto de sonidos, palabras y reglas con que se combinan esos elementos, compartido por un grupo de personas.

- La lengua que se habla en toda España es el **castellano** o español. Pero en determinadas partes de España se hablan además otras lenguas, como el gallego, el euskera o el catalán.

Muchas veces no nos entendemos con gente de otros países. Eso sucede porque no todos los seres humanos nos comunicamos por medio de la misma lengua.

2

Los **sonidos** y las **letras**

Cuando hablamos, pronunciamos sonidos.

Las letras son la forma de representar esos sonidos al escribir.

El abecedario o alfabeto es el conjunto de letras de una lengua.

Abecedario del castellano

a b c d e f g h i j k l m n ñ o p q r s t u v w x y z

Clases de sonidos

Vocales: *a, e, i, o, u.*

- Las vocales pueden ser:
  - **Abiertas:** las que se pronuncian con la boca más abierta: *a, e, o.*
  - **Cerradas:** las que se pronuncian juntando más los labios: *i, u.*

Consonantes: *b, c, d, f, g, h, j, k, l, m, n, ñ, p, q, r, s, t, v, w, x, y, z.*

Correspondencia entre sonidos y letras

- En castellano, como en otras lenguas, los sonidos no siempre se corresponden exactamente con las letras.
  - Un mismo sonido puede ser representado por diferentes letras: la *i* y la *y* representan el mismo sonido en palabras como *re**i**na* y *re**y***.
  - Una misma letra puede representar distintos sonidos: la letra *c* representa dos sonidos: **z** (***c**iervo*) y **k** (***c**asa*).
  - Hay una letra, la *h*, que no representa ningún sonido: ***h**ormiga*.

La *ch* no es una letra y la *ll* tampoco, aunque se pronuncien con un solo sonido. Tanto *ch* como *ll* son la suma de dos letras: *ch* = *c* + *h* y *ll* = *l* + *l*.

3 La sílaba. Los diptongos y los hiatos

La sílaba está compuesta por un sonido o un grupo de sonidos que pronunciamos de una vez: *te-le-vi-sión, char-la-re-mos, sol.*

Condiciones que cumplen las sílabas

- En todas las sílabas hay por lo menos una vocal. Las vocales pueden formar una sílaba por sí solas:
  e*-le-gir*   ***a****-mar*
- Las consonantes necesitan siempre la ayuda de una vocal para formar una sílaba:
  l*i-****br****o*   *e****n****-****c****i-****m****a*

Clases de sílabas según el acento

- El **acento** es la fuerza con la que pronunciamos una sílaba de la palabra. Según el acento, las sílabas son:
  - **Tónicas:** la sílaba que suena más fuerte en la palabra. Por ejemplo, en la palabra *cua****der****no,* la sílaba tónica es *-der-*.
  - **Átonas:** las demás sílabas de la palabra; es decir, las que no suenan fuerte. Por ejemplo, en ***cua****der****no***, las sílabas átonas son *cua-* y *-no.*

Un diptongo es la unión de dos vocales que se pronuncian en la misma sílaba:

*m****ie****l*   *p****ue****r-ta*   *re-c****au****-dar.*

Tipos de diptongos

- Una **vocal abierta** *(a, e, o)* al lado de una **cerrada** *(i, u)*: *p**ei**-nar, **au**-men-to.*
- Una **vocal cerrada** *(i, u)* al lado de una **abierta** *(a, e, o)*: *ha-c**ia**, c**ue**n-to.*
- Dos **vocales cerradas** distintas *(i, u)*: *a-rr**ui**-nar, c**iu**-dad.*

El hiato se produce cuando aparecen dos vocales juntas pero se pronuncian en sílabas diferentes:

*p**o**-**e**-ma* *b**ú**-h**o*** ***a**-h**o**-ra.*

Tipos de hiatos

- Dos **vocales abiertas** distintas en contacto: *p**o**-**e**-ma, **a**-h**o**-ra.*
- Una **vocal abierta** y una **cerrada** (o una cerrada y una abierta), cuando la vocal tónica es la cerrada: *m**a**-**í**z, b**ú**-h**o**.*
- Dos **vocales iguales:** *ch**i**-**i**ta, d**e**-h**e**-sa.*

> En las palabras *mahonesa* y *ahumado* hay dos vocales en contacto (pues la *h* no se pronuncia). En *mahonesa* hay un hiato *(m**a**-**ho**-ne-sa)* y en *ahumado* un diptongo *(**ahu**-ma-dò).*

4

La palabra

La palabra es una sílaba o un conjunto de sílabas con que se expresa una idea.

sol es una palabra de una sola sílaba que expresa un objeto.
bueno es una palabra de dos sílabas que indica una cualidad.
jugando es una palabra de tres sílabas que expresa una acción.

Clases de palabras

clases de palabras según el número de sílabas

monosílabas | bisílabas | trisílabas | polisílabas

- **Según el número de sílabas:**
  - Palabras **monosílabas**. Son las que tienen una sola sílaba: *bien, pan, ven.*
  - Palabras **bisílabas**. Son las que tienen dos sílabas: *mapa, seto, lobo.*
  - Palabras **trisílabas**. Son las que tienen tres sílabas: *abrigo, deporte, época.*
  - Palabras **polisílabas**. Son las que tienen más de tres sílabas: *carpintero, resplandeciente, preparándoselo.*

clases de palabras según la posición de la sílaba tónica

agudas | llanas | esdrújulas | sobresdrújulas

- **Según la posición de la sílaba tónica:**
  - Palabras **agudas**. Su sílaba tónica es la última: *pan-ta-**lón**, que-**rer**, mo-ni-**tor**.*
  - Palabras **llanas** o **graves**. Su sílaba tónica es la penúltima: *mo-**chi**-la, **lá**-piz, **gua**-po.*

– Palabras **esdrújulas**. Su sílaba tónica es la antepenúltima: ***cá***-*ma-ra, pe-****lí****-cu-la, fa-ci-****lí****-si-mo.*

– Palabras **sobresdrújulas**. Su sílaba tónica es anterior a la antepenúltima: *en-****tré****-ga-se-lo,* ***cuí****-da-me-la,* ***cóm****-pra-te-lo.*

Todas las palabras tienen acento, pero no todas llevan tilde:
*sorpren****der***   *sorpren****dió****.*

clases de palabras según su forma

primitivas | derivadas | simples | compuestas

• **Según su forma:**

– Palabras **primitivas**. Son las que no proceden de otras. Ejemplo: *fácil.*

– Palabras **derivadas**. Son las que se forman a partir de otras palabras añadiéndoles al final una sílaba o un grupo de sílabas. Por ejemplo, *fácilmente* viene de *fácil.*

– Palabras **simples**. Son las que no se componen de otras palabras: *casa, pájaro, amable.*

– Palabras **compuestas**. Son las que se forman al juntar dos palabras. Por ejemplo, *baloncesto* es el resultado de unir *balón* y *cesto.*

clases de palabras según el significado

monosémicas | polisémicas | sinónimas | antónimas | homónimas | parónimas

• **Según el significado:**

– Palabras **monosémicas**. Son las que tienen un único significado: *colibrí.*

– Palabras **polisémicas**. Son las que tienen varios significados: *ladrón* ('persona que roba' y 'tipo de enchufe').

– Palabras **sinónimas**. Son las que tienen el mismo significado: *rápido, raudo, veloz.*

– Palabras **antónimas**. Son las que tienen significados opuestos: *lejos* y *cerca.*

– Palabras **homónimas**. Son las que se pronuncian o escriben igual (o las dos cosas), pero tienen significados distintos. Ejemplos: *echo* (del verbo *echar*) y *hecho* (del verbo *hacer*), *sal* (la que echamos a los alimentos) y *sal* (del verbo *salir*).

– Palabras **parónimas**. Son palabras diferentes que significan cosas distintas pero se pronuncian de forma parecida. Ejemplos: *prevenir* ('tratar de evitar algo malo antes de que ocurra') y *provenir* ('proceder').

Cuidado con los parónimos, porque a veces dan lugar a confusiones. Conviene diferenciar bien palabras como *prever* y *proveer*; *profesión* y *procesión*; *especie* y *especia*; *infectar* e *infestar.*

Formación de palabras a partir de otras

- Añadiendo una sílaba o un grupo de sílabas al principio o al final de algunas palabras se pueden formar otras palabras distintas.

– Un **prefijo** es una sílaba o un grupo de sílabas que se colocan al principio de algunas palabras para formar otras nuevas: ***re**-hacer*, ***in**-mejorable.*

Prefijos	
Tipos	**Significado**
De negación	Niegan el significado de la palabra original. ***in**- + seguro = inseguro* (lo que no es *seguro*)
De oposición	Forman el contrario de la palabra original. ***contra**- + corriente = contracorriente* (en sentido contrario de la corriente)
De situación	Añaden el significado de 'lugar' o 'situación'. ***sub**- + marino = submarino* (por debajo del mar)
De intensidad	Expresan mayor o menor grado o intensidad del significado de la palabra original. ***hiper**- + mercado = hipermercado* (un mercado muy grande) ***hipo**- + tensión =* hipotensión (tensión arterial muy baja)
De repetición	Añaden el significado de 'otra vez' ***re**- + pintar* (pintar otra vez)

– Un **sufijo** es una sílaba o un grupo de sílabas que se añaden al final de algunas palabras para formar otras nuevas: ***-illo*** *(pelillo),* ***-mente*** *(fácilmente),* ***-dor*** *(jugador).*

Sufijos	
Tipos	**Significado**
Diminutivos	Dan idea de pequeño tamaño o poca intensidad. *-**ito** / -**ita**: mesita* *-**illo** / -**illa**: vientecillo*
Aumentativos	Dan idea de gran tamaño o gran intensidad. *-**ón**: grandón; -**ona**: casona* *-**azo**: tortazo; -**aza**: madraza*
Intensivos	Aumentan la cualidad de la palabra a la que se añaden. *-**ísimo**: elegantísimo*

Hay palabras que parece que tienen un sufijo pero no es así. Por ejemplo, en la palabra *martillo* no hay ningún sufijo, aunque termine en *-illo*. Tampoco tiene ningún sufijo la palabra *levita*, a pesar de que termine en *-ita*.

Agrupaciones de palabras

- Una **familia de palabras** es el conjunto de las palabras que se han formado a partir de una misma palabra. Por ejemplo, *tristeza, entristecer, tristemente* y *triste* forman parte de una familia de palabras que se ha formado a partir de *triste*.

- Un **campo semántico** es el conjunto de palabras de la misma clase (todas son sustantivos o todas adjetivos o todas adverbios…) que comparten un mismo rasgo de significado. Ejemplo: *chándal, atletismo, raqueta y córner* son palabras del mismo tipo (sustantivos) que se pueden agrupar en el campo semántico del deporte.

- Un **campo léxico** es un conjunto de palabras de distintas clases que se agrupan porque se relacionan con un mismo tema. Por ejemplo, *ordenador, navegar* y *procesador* son palabras de diferentes clases (sustantivo, verbo, adjetivo) que se relacionan con el tema de la informática.

No hay que confundir **campo semántico** y **campo léxico** con **familia de palabras**. Campo semántico y campo léxico tienen que ver con el significado de las palabras; la familia de palabras tiene que ver con la formación de palabras derivadas.

5

El sustantivo

Los sustantivos son un tipo de palabras que sirven para nombrar a las personas, los animales, las cosas, las ideas y los sentimientos.

Clases de sustantivos

Sustantivos comunes y propios

sustantivos
comunes | propios

- Los **sustantivos comunes** son los que sirven para nombrar a cualquier persona, animal, cosa, idea o sentimiento: *amigo, merluza, muñeco, imaginación, amor...* Se escriben con minúscula.
- Los **sustantivos propios** son los que sirven para decir cómo se llama una persona, una ciudad, un río, etc.: *Jaime, Zaragoza, Guadalquivir...* Se escriben con mayúscula.

Sustantivos individuales y colectivos

sustantivos
individuales | colectivos

- Los **sustantivos individuales** son los que en singular nombran a una sola persona, animal o cosa: *médico, hormiga, diccionario.*
- Los **sustantivos colectivos** son los que en singular nombran a un grupo de personas, animales o cosas: *equipo, manada, rebaño.*

Sustantivos concretos y abstractos

sustantivos
concretos | abstractos

- Los **sustantivos concretos** nombran algo que se puede notar con los sentidos: *zapato, perfume, chocolate.*
- Los **sustantivos abstractos** nombran algo que no se puede notar con los sentidos, como una idea o un sentimiento: *aburrimiento, felicidad.*

El género. Formación del femenino

género de los sustantivos
masculino femenino

- Según el **género**, los sustantivos pueden ser:
  - **Masculinos:** pueden llevar delante el artículo *el* o *los*.
  - **Femeninos:** pueden llevar delante el artículo *la* o *las*.
- Algunos sustantivos pueden tener dos formas, una para el masculino y otra para el femenino: *primo / prima*.
  En estos sustantivos, el femenino se forma:
  - Cambiando la terminación del masculino *-o* por una *-a*: *panadero* → *panader**a***.
  - Añadiendo una terminación especial (como *-esa* o *-triz*): *duque* → *duqu**esa***, *emperador* → *empera**triz***.

El número. Formación del plural

número de los sustantivos
singular plural

- Según el **número**, los sustantivos pueden estar:
  - En **singular**: nombran a una sola persona, animal o cosa: *compañero*, *avispa*; o a un solo grupo de personas, animales o cosas: *clase*, *enjambre*.
  - En **plural**: nombran a varias personas, animales o cosas: *soldados*, *cabras*; o a varios grupos de personas, animales o cosas: *ejércitos*, *rebaños*.
- Para formar el plural de los sustantivos:
  - Podemos añadir *-s* o *-es* al singular: *familia* → *familia**s***, *pañal* → *pañal**es***.
  - Podemos mantener la misma forma del singular, siempre que el singular sea una palabra llana o esdrújula que acabe en *-s* o en *-x*: *el sacapuntas* → *los sacapuntas*, *el tórax* → *los tórax*.

6

El **adjetivo**

Los adjetivos son palabras que sirven para expresar cualidades o estados del sustantivo al que se refieren.

Posición del adjetivo

- El adjetivo puede ir:
  - Delante del sustantivo: ***altas*** *temperaturas.*
  - Detrás del sustantivo: *vehículo* ***aéreo****.*
  - Unido al sustantivo por medio de un verbo: *Álvaro parecía* ***contento****.*

El género y el número de los adjetivos

- Los adjetivos tienen el mismo género y el mismo número que el sustantivo al que se refieren: ***mangas*** (sustantivo femenino plural) ***largas*** (adjetivo femenino plural).

género de los adjetivos
masculino — femenino

- Algunos adjetivos tienen formas diferentes para el masculino y para el femenino: *pequeño / pequeña*; *bonito / bonita.* Otros, en cambio, tienen una sola forma para los dos géneros: *el prado* ***verde****, la falda* ***verde****.*

número de los adjetivos
singular — plural

Los grados del adjetivo

- Indican la intensidad en que se tiene la cualidad o el estado que expresa el adjetivo.

grados del adjetivo
positivo — comparativo — superlativo

  - El adjetivo está en **grado positivo** cuando expresa una cualidad o un estado del sustantivo sin indicar su intensidad: *juego divertido.*

– El adjetivo está en **grado comparativo** cuando expresa la cualidad o el estado de un sustantivo y los compara con los de otro sustantivo. La comparación puede expresar:

Inferioridad: *La comunidad andaluza es **menos lluviosa que** la gallega.*

Igualdad: *Quisiera ser **tan alto como** la Luna.*

Superioridad: *Las hormigas son **más laboriosas que** las cigarras.*

– El adjetivo está en **grado superlativo** cuando expresa la mayor intensidad posible de una cualidad o de un estado: *muy pesado, pesadísimo.*

El adjetivo también está en grado superlativo en construcciones como: *Luis es **el más simpático de** la clase.*

7

Los **determinantes**

Los determinantes son las palabras que van delante del sustantivo y sirven para concretarlo o determinarlo.

Elena quiere ***esta*** *bici* (no una bici cualquiera, sino la que señala en concreto).

Quedan ***dos*** *días para mi cumpleaños* (no uno, ni tres, sino dos, concretamente).

El artículo

- El **artículo** es un determinante que no tiene significado propio y que únicamente sirve para anunciar o presentar a un sustantivo.
- El artículo aparece en el mismo género y en el mismo número que el sustantivo al que presenta: ***el*** *balón,* ***las*** *casas.*

Formas del artículo		
	Masculino	Femenino
Singular	*el*	*la*
Plural	*los*	*las*

Las palabras femeninas que comienzan por *a* tónica llevan el artículo masculino: ***el*** *agua,* ***el*** *hacha...,* sin embargo, ***las*** *aguas,* ***las*** *hachas.*

Formas contractas del artículo

- El artículo tiene dos formas contractas:
  al (*a* + *el*): *Fuimos al cine.*
  del (*de* + *el*): *Ése es el despacho del director.*

El grupo nominal

- El **grupo nominal** es un conjunto de palabras cuyo núcleo o palabra más importante es un sustantivo: *la película, los niños pequeños.*

Elementos del grupo nominal

- Un **sustantivo**, que es el **núcleo** del grupo nominal. Por ejemplo, en el grupo nominal *las casas modernas* el núcleo es *casas.*

- Un **determinante**. En el ejemplo anterior, el artículo *(las)* cumple la función de determinante, pero hay otras clases de palabras que también pueden determinar al sustantivo: son los demostrativos, los posesivos, los indefinidos y los numerales.

- Un **adjetivo**, que funciona como **complemento** del sustantivo, es decir, especifica o complementa su significado. En el ejemplo anterior, el adjetivo *modernas* especifica el tipo de casas al que nos referimos.

En todos los grupos nominales hay un núcleo, es decir, un sustantivo. Junto a él puede aparecer un determinante y un complemento o sólo uno de estos elementos.

*Este autor escribe **novelas.***
*Leí **una novela policiaca.***
*Me gustan **las novelas.***
*Compró **interesantes novelas.***

8

Los **demostrativos**

Los demostrativos son palabras que sirven para señalar a los seres y los objetos, y expresan a qué distancia del hablante se encuentran esos seres o esos objetos:

esta *playa* (cercanía)

ese *parque* (distancia media)

aquellos *árboles* (lejanía)

Formas de los demostrativos

	Singular		Plural	
	Masculino	Femenino	Masculino	Femenino
Cercanía	*este*	*esta*	*estos*	*estas*
Distancia media	*ese*	*esa*	*esos*	*esas*
Lejanía	*aquel*	*aquella*	*aquellos*	*aquellas*

Existen, además, otras formas que no están en el cuadro: **esto**, **eso** y **aquello**, que siempre funcionan como núcleo: *Esto es lo que le gusta. No es eso lo que quiero. ¿Era verdad aquello que me contaste?*

Funciones de los demostrativos

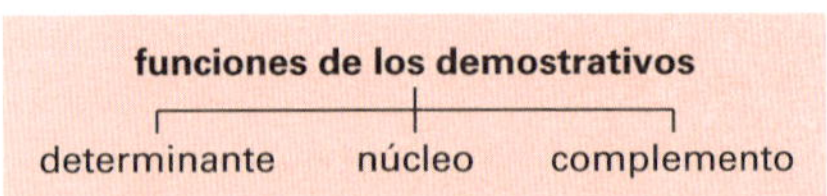

- **Determinante.** Cuando aparecen delante del sustantivo del grupo nominal (es lo más frecuente): ***este*** *cuaderno.*
- **Complemento.** Cuando aparecen detrás del sustantivo del grupo nominal (funcionan como si fueran adjetivos): *la chica* ***esa****.*
- **Núcleo** del grupo nominal. Cuando aparecen en lugar del sustantivo: ***Ésa*** *es la solución.*

9

Los **posesivos**

Los posesivos son palabras que expresan que un ser o un objeto pertenece a alguien (poseedor), ya sea uno o varios: *mi* *tía*, *nuestro* *perro*, *sus* *maletas*.

Formas de los posesivos

		Singular		Plural	
		Masculino	Femenino	Masculino	Femenino
Un poseedor	1.ª pers.	*mío, mi*	*mía, mi*	*míos, mis*	*mías, mis*
	2.ª pers.	*tuyo, tu*	*tuya, tu*	*tuyos, tus*	*tuyas, tus*
	3.ª pers.	*suyo, su*	*suya, su*	*suyos, sus*	*suyas, sus*
Varios poseedores	1.ª pers.	*nuestro*	*nuestra*	*nuestros*	*nuestras*
	2.ª pers.	*vuestro*	*vuestra*	*vuestros*	*vuestras*
	3.ª pers.	*suyo, su*	*suya, su*	*suyos, sus*	*suyas, sus*

Funciones de los posesivos

- **Determinante.** Cuando aparecen delante del sustantivo del grupo nominal: ***tus*** *aficiones*.
- **Complemento.** Cuando aparecen detrás del sustantivo del grupo nominal (se comportan como los adjetivos): *un amigo* ***mío***.
- **Núcleo** del grupo nominal. Cuando aparecen en lugar del sustantivo: *Préstame el* ***tuyo***.

Algunos posesivos pierden sonidos cuando van delante de un sustantivo: *mío* → **mi**; *tuyo* → **tu**; *suyo* → **su**.
Éstas son las **formas apocopadas**.

10

Los **numerales**

Los numerales son palabras que indican una cantidad o un orden precisos.

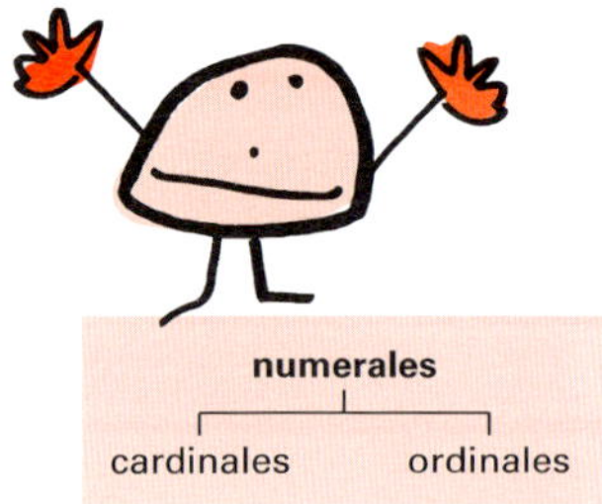

Clases de numerales

Cardinales

- Son los que expresan cantidades exactas: ***cien*** *veces,* ***tres*** *horas.*
- La serie de los numerales cardinales es infinita. En la siguiente lista se incluyen algunos y, entre ellos, los que pueden ofrecer dudas en su escritura:

una / uno / un	diecisiete	sesenta
dos	dieciocho	setenta
tres	diecinueve	ochenta
cuatro	veinte	noventa
cinco	veintiuno, -a / veintiún	cien
seis	veintidós	ciento uno / una /un
siete	veintitrés	doscientos
ocho	veinticuatro	trescientos
nueve	veinticinco	cuatrocientos
diez	veintiséis	quinientos
once	veintisiete	seiscientos
doce	veintiocho	setecientos
trece	veintinueve	ochocientos
catorce	treinta	novecientos
quince	cuarenta	mil
dieciséis	cincuenta	dos mil

Uno, veintiuno y *ciento uno* tienen formas apocopadas:
un, veintiún y *ciento un.*
Se usan delante de un sustantivo masculino singular:
Sólo me comí ***un*** *caramelo, no dos.*
Estuvo viajando ***veintiún*** *días.*
El hechizo duraría ***ciento un*** *años.*

Ordinales

- Son los que expresan el lugar que ocupan los seres o los objetos dentro de un grupo ordenado: *Llegó en* ***tercer*** *puesto.*
- A continuación se indican los ordinales hasta el *vigésimo.* A partir de éste, están formados por dos palabras *(vigésimo primero, vigésimo segundo, vigésimo tercero...).*

1.º	*primer / primero, -a*	11.º	*undécimo, -a*
2.º	*segundo, -a*	12.º	*duodécimo, -a*
3.º	*tercer / tercero, -a*	13.º	*decimotercero, -a*
4.º	*cuarto, -a*	14.º	*decimocuarto, -a*
5.º	*quinto, -a*	15.º	*decimoquinto, -a*
6.º	*sexto, -a*	16.º	*decimosexto, -a*
7.º	*séptimo, -a*	17.º	*decimoséptimo, -a*
8.º	*octavo, -a*	18.º	*decimoctavo, -a*
9.º	*noveno, -a*	19.º	*decimonoveno, -a*
10.º	*décimo, -a*	20.º	*vigésimo, -a*

Funciones de los numerales

- **Determinante.** Cuando va delante de un sustantivo: ***dos*** *manzanas.*
- **Complemento.** Cuando va detrás del sustantivo; en este caso actúa igual que un adjetivo: *el tema* ***cuatro***.
- **Núcleo** del grupo nominal. Cuando aparece en lugar de un sustantivo: *Rebeca llegó la* ***tercera***.

funciones de los numerales

determinante | núcleo | complemento

Primero y *tercero* tienen formas apocopadas: *primer* y *tercer.* Se usan delante de un sustantivo masculino singular: *Hoy es el* ***primer*** *día de clase. Es el* ***tercer*** *reloj que rompe.*

11

Los **indefinidos**

Los indefinidos son palabras que se usan para referirse a las personas, animales o cosas de forma poco precisa: *Quedaban **varias** butacas vacías.*

Formas de los indefinidos

- Éstas son las formas de los indefinidos más habituales:

Singular		Plural	
Masculino	Femenino	Masculino	Femenino
un	*una*	*unos*	*unas*
algún, alguno	*alguna*	*algunos*	*algunas*
ningún, ninguno	*ninguna*	*ningunos*	*ningunas*
poco	*poca*	*pocos*	*pocas*
mucho	*mucha*	*muchos*	*muchas*
demasiado	*demasiada*	*demasiados*	*demasiadas*
todo	*toda*	*todos*	*todas*

Palabras como *alguien*, *nadie* o *cualquiera* son también indefinidos y funcionan siempre como núcleo: ***Alguien** llamó. No vi a **nadie**. **Cualquiera** puede hacer eso.*

Funciones de los indefinidos

funciones de los indefinidos

determinante — núcleo — complemento

- **Determinante.** Cuando aparecen delante del sustantivo: *Tiene **poca** confianza con su vecino.*
- **Complemento.** Cuando aparecen detrás del sustantivo: *No cabe duda **alguna**.*
- **Núcleo** del grupo nominal. Cuando aparecen en lugar de un sustantivo: *Fuimos **todos** al partido.*

12 Los pronombres personales

Los pronombres personales son palabras que sirven para nombrar a personas, animales o cosas sin usar sustantivos.

Su función es la de núcleo del grupo nominal:
***Yo** me llamo Nuria. Habla con **él**. No **se lo** dije.*

Clases de pronombres personales

- **Tónicos.** Son aquellos que pueden aparecer solos: *¿Quién ha traído el pan? **Yo**.*
- **Átonos.** Son aquellos que nunca aparecen solos, sino en compañía de un verbo: ***Lo** he traído.* Cuando estos pronombres van detrás del verbo, se unen a él: *Tráe**lo***.

Formas de los pronombres personales

- Si los pronombres nombran a la persona que habla, son de **primera persona**; si nombran a la persona que escucha, son de **segunda persona**; y si nombran a la persona o cosa de la que se habla, son de **tercera persona**.

		1.ª persona	2.ª persona	3.ª persona
Singular	tónicos	*yo, mí, conmigo*	*tú, usted, ti, contigo*	*él, ella, sí, consigo*
	átonos	*me*	*te*	*se, lo, la, le*
Plural	tónicos	*nosotros, nosotras*	*vosotros, vosotras, ustedes*	*ellos, ellas, sí, consigo*
	átonos	*nos*	*os*	*se, los, las, les*

Usted y **ustedes** se refieren a la segunda persona, pero se usan con verbos en tercera persona:
*¿Cómo **están ustedes**?*

13

El **verbo**

Los verbos son palabras que sirven para expresar acciones y situarlas en el tiempo.

Cada verbo tiene diferentes formas. La forma con la que nombramos al verbo se llama infinitivo.

- Las formas de los verbos pueden ser:
  - **Simples.** Cuando constan de una sola palabra: *hablaremos.*
  - **Compuestas.** Cuando constan de dos palabras (una de ellas es una forma del verbo *haber*): *habíais hablado.*

formas verbales
simples — compuestas

Raíz y desinencia

- Todos los verbos tienen raíz y desinencia.
  - La **raíz** de un verbo se obtiene al suprimir la terminación del infinitivo *(-ar, -er, -ir).* Así, la raíz de *cantar* es ***cant-***.
  - Las **desinencias** son las terminaciones que se añaden a la raíz de un verbo para obtener sus diferentes formas. Por ejemplo: si a *cant-* (raíz) le añadimos ***-amos*** (desinencia) obtenemos la forma *cantamos.*

verbo
raíz — desinencia

La conjugación verbal

- La **conjugación** es el conjunto de las formas de un verbo. Es el resultado de combinar la raíz de un verbo con todas las desinencias que puede llevar.

  No todos los verbos se usan con las mismas desinencias. Las desinencias de los verbos dependen de la conjugación a la que pertenecen.

- Hay tres modelos de conjugación:
  - **Primera conjugación**, formada por todos los verbos cuyo infinitivo termina en ***-ar***: *cant-ar, habl-ar, llam-ar.*
  - **Segunda conjugación**, formada por todos los verbos cuyo infinitivo acaba en ***-er***: *com-er, ofrec-er, perd-er.*
  - **Tercera conjugación**, formada por todos los verbos cuyo infinitivo acaba en ***-ir***: *part-ir, ocurr-ir, viv-ir.*

modelos de conjugación

1.ª *-ar* | 2.ª *-er* | 3.ª *-ir*

El número del verbo

- Las formas de los verbos pueden estar en singular o en plural.
  - En **singular** expresan acciones realizadas por una sola persona (animal o cosa): *El capitán del equipo* ***marcó*** *un golazo.*
  - En **plural** expresan acciones realizadas por varias personas (animales o cosas): *Los pájaros* ***vuelan*** *sobre los árboles.*

número del verbo

singular | plural

La persona del verbo

- Las formas verbales expresan también la persona que realiza la acción:
  - En **primera persona**, las formas verbales expresan que la acción la realiza la misma persona o personas que hablan: *He ordenado mi cuarto. Iremos de compras este fin de semana.*
  - En **segunda persona**, las formas verbales expresan que la acción la realiza la persona o personas que escuchan: *Tú siempre te escaqueas. Vosotros venís en nuestro coche.*
  - En **tercera persona**, las formas verbales expresan que la acción la realiza una persona o personas distintas de las que hablan o escuchan: *Él corrió a ayudarla. Ellas llegaron antes.*

persona del verbo

primera | segunda | tercera

- Las **formas no personales** del verbo son aquellas que no expresan persona. Son el **infinitivo** (*jugar*), el **gerundio** (*jugando*) y el **participio** (*jugado*).

> Hay algunos verbos que expresan acciones que no las realiza ninguna persona, son los **verbos impersonales**. Estos verbos aparecen siempre en tercera persona del singular: ***Llovía** a cántaros.*

El tiempo del verbo

- Las formas verbales sitúan la acción en el tiempo. Así, las formas pueden estar en:

tiempo del verbo

pasado | presente | futuro

  – **Pasado**, que es el tiempo anterior al momento en que se habla: *Ayer **fui** al cine con mis padres.*

  – **Presente**, que es el momento en que se habla: ***Hace** frío en esta habitación.*

  – **Futuro**, que es el tiempo posterior al momento en que se habla: *Mañana **celebraremos** el cumpleaños de mi hermana.*

El modo del verbo

- Por medio del modo, las formas verbales expresan la actitud del hablante ante lo que dice.

modo del verbo

indicativo | subjuntivo | imperativo

  – El **modo indicativo** se usa cuando el hablante presenta una acción como real: *Nos **multaron** por no llevar el cinturón de seguridad.*

  – El **modo subjuntivo** se usa para hablar de deseos o para dar órdenes negativas: *¡Ojalá **vayamos** de excursión! No **hagas** ruido.*

  – El **modo imperativo** se usa para dar órdenes afirmativas: *¡**Ven** aquí!*

> A veces, para dar órdenes también se usa el infinitivo, seguido de la preposición *a* o en frases negativas: *A **callar**. No **pisar** el césped.*

14

Los **tiempos verbales**

Los tiempos verbales son conjuntos de formas del verbo que expresan la acción en el mismo tiempo y en el mismo modo.

Clasificación de los tiempos verbales

- Según el criterio que se siga, los tiempos verbales pueden ser:
  - **Simples.** Están constituidos por formas verbales simples: *bailarías*.
  - **Compuestos.** Están constituidos por formas verbales compuestas: *habríamos bailado*.

Observa que los tiempos compuestos se construyen siempre con el verbo ***haber*** **+ un participio.**

  - **Pretéritos.** Expresan que la acción sucede en el pasado: *leí*.
  - **Presentes.** Expresan que la acción sucede en el presente: *duermes*.
  - **Futuros.** Expresan que la acción sucede en el futuro: *disfrutaréis*.

Existen también dos tiempos **condicionales**, llamados así porque la acción que expresan sólo se realiza si se cumple una condición:
*Si hiciera bueno, **iríamos** a la playa.*
*Si me lo hubieras dicho, te **habría ayudado**.*

  - **Perfectos.** Indican que la acción está acabada. Son todos los tiempos compuestos y el pretérito perfecto simple: *había caminado*, *caminó*.
  - **Imperfectos.** Indican que la acción no está acabada. Son todos los tiempos simples, excepto el pretérito perfecto simple: *tengo*, *hablaba*.

Los tiempos verbales son éstos:

Modos	Tiempos simples	Tiempos compuestos
Indicativo	**Presente** *(canto)* **Pretérito imperfecto** *(cantaba)* **Pretérito perfecto simple** *(canté)* **Futuro** *(cantaré)* **Condicional** *(cantaría)*	**Pretérito perfecto compuesto** *(he cantado)* **Pretérito pluscuamperfecto** *(había cantado)* **Pretérito anterior** *(hube cantado)* **Futuro perfecto** *(habré cantado)* **Condicional perfecto** *(habría cantado)*
Subjuntivo	**Presente** *(cante)* **Pretérito imperfecto** *(cantara* o *cantase)* **Futuro** *(cantare)*	**Pretérito perfecto** *(haya cantado)* **Pretérito pluscuamperfecto** *(hubiera cantado* o *hubiese cantado)* **Futuro perfecto** *(hubiere cantado)*
Imperativo	**Presente** *(canta)*	

Usos desplazados de los tiempos verbales

Algunos tiempos verbales se usan a veces con valores temporales o modales característicos de otros tiempos. Estos usos especiales se llaman usos desplazados.

Usos desplazados del presente de indicativo

- **Con valor de pasado.** Se usa para referirnos a una acción pasada: *Fleming* ***descubre*** *la penicilina en 1928.*

  A este uso se le llama **presente histórico**.

usos desplazados del presente
- con valor de pasado
- con valor de futuro
- con valor de mandato

- **Con valor de futuro.** Se emplea para referirnos a una acción que va a ocurrir: *Mañana nos **vamos** a la sierra.*
- **Con valor de mandato.** Se utiliza para dar órdenes: ***Vas** a Correos y **recoges** el paquete.*

Uso desplazado del pretérito imperfecto de indicativo

- A veces se usa este tiempo en lugar del presente, para expresar deseos o para preguntar de manera cortés: ***Quería** un kilo de filetes de ternera.*

  A este uso se le denomina **pretérito imperfecto de cortesía**.

Uso desplazado del futuro imperfecto de indicativo

- En ocasiones, el futuro imperfecto de indicativo se usa para expresar una suposición que ocurre en el presente: *No viene, **estará** cansado.*

Usos desplazados del condicional

- Este tiempo puede usarse en lugar del presente para expresar un ruego de manera cortés: *¿Te **importaría** dejarme la calculadora?*
  Es el **condicional de cortesía**.
- También podemos usarlo para expresar cálculos aproximados referidos al pasado: ***Faltarían** unos 15 kilómetros para llegar cuando se nos estropeó el coche.*

Observa que hay dos tiempos verbales diferentes (pretérito imperfecto de indicativo y condicional) que pueden expresar un mismo valor: **cortesía**.

15 Los verbos regulares e irregulares

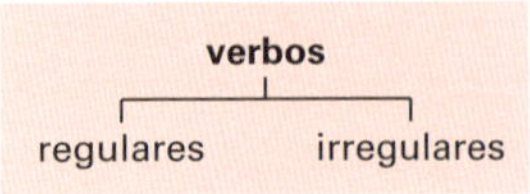

Son verbos regulares los que mantienen igual la raíz en todas sus formas y toman las mismas desinencias que el verbo modelo de su conjugación: *planchar (plancho, plancharán, planchando).*

Son verbos irregulares aquellos en los que la raíz varía en algunas formas o también los verbos que toman desinencias distintas a las del verbo modelo de su conjugación: *empezar* (*empiezo*), *poder* (*podrás*).

Grupos de irregularidades

- **Grupo de presente.** Si es irregular la primera persona del presente de indicativo *(**comienz**o)*, lo es también el presente de subjuntivo *(**comienc**e)* y, suele serlo, además, el imperativo *(**comienz**a)*.
- **Grupo de pasado.** Si es irregular la tercera persona del pretérito perfecto simple *(**mint**ió)*, lo es también el imperfecto de subjuntivo *(**mint**iera, -se)*, el futuro imperfecto de subjuntivo *(**mint**iere)* y, a veces, el gerundio *(**mint**iendo)*.
- **Grupo de futuro.** Si un verbo es irregular en el futuro de indicativo *(**pond**ré)*, también es irregular en el condicional *(**pond**ría)*.

> Algunos verbos tienen cambios en su raíz que se deben únicamente a motivos ortográficos. Estos verbos son regulares. Ejemplo: ***goc**éis* (de ***goz**ar*); ***coj**o* (de ***cog**er*).

Los verbos defectivos

- Son **verbos defectivos** los que sólo se conjugan en algunas formas. Por ejemplo, *llover,* que únicamente se conjuga en tercera persona del singular; o *suceder,* que sólo se conjuga en tercera persona del singular o del plural.

16

El adverbio

Los adverbios son palabras que indican circunstancias de lugar, tiempo, modo, cantidad, afirmación, negación o duda: *Vive* ***lejos*** *de* ***aquí****. Me acosté* ***tarde****.*

Clases de adverbios

- Según la circunstancia que expresan, pueden ser:
  - De **lugar**: *aquí, allí, cerca, lejos, delante, detrás...*
  - De **tiempo**: *pronto, tarde, ya, ayer, mañana, después...*
  - De **modo**: *así, bien, mal, deprisa...*
    También son adverbios de modo los que se forman añadiendo a algunos adjetivos la terminación *-mente*: *cómodamente.*
  - De **cantidad**: *muy, demasiado, suficiente...*
  - De **afirmación**: *sí, también.*
  - De **negación**: *no, tampoco.*
  - De **duda**: *quizás, acaso.*

Los adverbios que acaban en ***-mente*** sólo llevan tilde si también la llevan los adjetivos de los que proceden *(rápido → rápidamente).*

Funciones del adverbio

- Los adverbios de lugar, tiempo, modo y cantidad suelen funcionar como **complementos** de:
  - un **verbo**: **Enseguida** avisó.
    VERBO
  - un **adjetivo**: Está **muy** atento.
    ADJETIVO
  - un **adverbio**: Vienes **demasiado** pronto.
    ADVERBIO

17

Los enlaces

Los enlaces son palabras invariables (no tienen género, número, persona...) que sirven para unir o relacionar palabras o grupos de palabras.

Clases de enlaces

clases de enlaces: preposiciones | conjunciones

- **Preposiciones.** Unen unas palabras con otras a las que complementan:
  *Déjalo **sobre** la mesa.*
  *Hizo un barco **de** papel.*

  Las preposiciones son:

a	*durante*	*por*
ante	*en*	*según*
bajo	*entre*	*sin*
con	*hacia*	*sobre*
contra	*hasta*	*tras*
de	*mediante*	
desde	*para*	

conjunciones: copulativas | disyuntivas | adversativas

- **Conjunciones**. Unen palabras o grupos de palabras que corresponden a ideas semejantes.
  - Las **copulativas** dan idea de suma o acumulación (*y, e, ni*):
    *Salían **y** entraban sin parar.*
    *No me gusta **ni** el verde **ni** el marrón.*
  - Las **disyuntivas** dan idea de opción o elección (*o, u*):
    *¿Quieres carne **o** pescado?*
  - Las **adversativas** dan idea de contraposición (*pero, sino*):
    *Yo fui, **pero** ella no. No nació en Málaga, **sino** en Sevilla.*

La conjunción copulativa ***e*** se usa, en lugar de *y*, delante de palabras que empiezan por *i*: *Juan e Inés*.

La conjunción disyuntiva ***u*** se usa, en lugar de *o*, delante de palabras que empiezan por *u*: *Elige uno u otro*.

18

El **enunciado**

Los enunciados son grupos de palabras ordenadas que sirven para expresar una idea.

Condiciones del enunciado

Para que un grupo de palabras sea un enunciado debe cumplir estas condiciones:

- Tener **sentido completo**.
  Por ejemplo: *Me asomé a la ventana* tiene sentido completo; *Me asomé a* no tiene sentido completo y no es un enunciado.
- Tener **entonación independiente** con respecto a otros enunciados. Al hablar, marcamos la diferencia entre enunciados por medio de pausas; al escribir, por medio de los signos de puntuación.

Clases de enunciados

Los enunciados pueden ser:

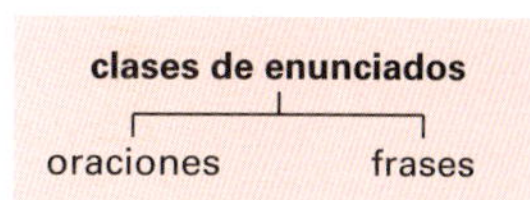

- **Oraciones.** Tienen como núcleo un verbo: *Ya ha nacido mi primito.*
- **Frases.** No tienen verbo: *¡Qué bien!*

  Hay frases que sólo tienen una palabra. Esta palabra suele expresar dolor, sorpresa, admiración y recibe el nombre de **interjección**: *¡Ay! ¡Caray! ¡Aleluya!*

  También hay frases constituidas por un conjunto de palabras que tienen como núcleo un sustantivo, es decir, por un **grupo nominal**: *aforo completo, cabeza loca.*

19

La **oración**

Las oraciones dicen algo sobre una persona, animal o cosa:
Sandra es mi mejor amiga. Conduce con cuidado.

Partes de la oración

oración
sujeto — predicado

- **Sujeto:** la persona, animal o cosa de la que se dice algo. Por ejemplo: en la oración *Laura pasa el verano con sus abuelos, Laura* es el sujeto.
- **Predicado:** lo que se dice del sujeto. Por ejemplo: en la oración anterior, *pasa el verano con sus abuelos* es el predicado.

> Para saber cuál es el **sujeto** de una oración, pregúntale al verbo **¿quién?** o **¿quiénes?**
> *El ratón robó el queso.*
> ¿Quién robó el queso? → *El ratón.*

El sujeto

- Todas las oraciones tienen sujeto, aunque éste, a veces, no está presente.
- Existen dos tipos de sujeto:
  - **Sujeto léxico.** Aparece expreso y está formado por la palabra o palabras que cumplen la función de sujeto en la oración. Por ejemplo, en la oración *Los lobos árticos tienen el pelaje blanco,* el sujeto es: ***Los lobos árticos***.
  - **Sujeto gramatical.** No está expreso y lo forman el número y la persona de la forma verbal de la oración. Por ejemplo, en la oración *No estoy seguro,* el sujeto gramatical es la primera persona del singular (*yo*).

El predicado

- En el predicado siempre hay, al menos, un **verbo**, que cumple la función de **núcleo**.
  Por ejemplo: *Ven.*

- Las demás palabras que acompañan al verbo desempeñan la función de **complementos**.
  Por ejemplo, en la oración *Rosa hizo unas fotos muy bonitas,* ***unas fotos muy bonitas*** funciona como complemento del verbo *hizo.*

Tipos de predicados

- **Predicado nominal.** Su núcleo es el verbo *ser, estar* o *parecer*: ***Estoy*** *un poco resfriada.*

- **Predicado verbal.** Su núcleo es cualquier verbo distinto de los anteriores: *Siempre* ***desayuno*** *cereales.*

Los complementos del verbo

- **Objeto directo.**
  - Aparece en predicados verbales y suele ser un sustantivo, un grupo nominal o un pronombre personal átono.
  - Nombra a la persona, animal o cosa sobre los que recae la acción del verbo.
  - Ejemplos: *Me dio* ***dinero****. Ho guardado* ***la ropa de invierno****.* ***Lo*** *atrapó.*

> Para saber cuál es el **objeto directo**,
> pregúntale al verbo **¿qué?**
> *Leía una novela policiaca.*
> ¿Qué leía?→ *una novela policiaca.*

- **Objeto indirecto.**
  - Aparece en predicados verbales y se forma con la preposición *a* + un sustantivo, un grupo nominal o simplemente con los pronombres *le* o *les*.
  - Expresa la persona, animal o cosa que recibe la acción del verbo.
  - Ejemplos: *He traído regalos* ***a los niños****.* ***Les*** *di las gracias.*

> Para saber cuál es el **objeto indirecto**,
> pregúntale al verbo **¿a quién?**
> *Envió una postal a Charo.*
> ¿A quién envió una postal? → *a Charo.*

- **Complemento circunstancial.**
  - Puede aparecer en predicados verbales y nominales.
  - Indica la circunstancia (lugar, tiempo, modo...) en que se produce la acción del verbo.
  - Ejemplos: *Viven* ***en las afueras****. Se marchó* ***por la mañana****. Vendrá* ***en coche****.*

- **Atributo.**
  - Acompaña sólo a los verbos *ser, estar* o *parecer* y suele ser un adjetivo, un sustantivo o un grupo nominal.
  - Indica una cualidad o un estado del sujeto.
  - Ejemplos: *Hoy estoy* ***cansada****. Su vecino es* ***médico****. Esa nube parece* ***un barco pirata****.*

20

Clases de oraciones

Las oraciones pueden clasificarse según distintos criterios, desde el punto de vista de la actitud que tenga el hablante o a partir del número de verbos que tenga la oración.

Clases de oraciones según la intención del hablante

clases de oraciones

según la intención del hablante	**según el número de verbos**
enunciativas interrogativas exclamativas exhortativas optativas dubitativas de posibilidad	simples compuestas

- Según la intención del hablante, las oraciones pueden ser:
  - **Enunciativas.** Informan de un hecho o de un pensamiento. Pueden ser afirmativas o negativas: *El río Ebro pasa por Zaragoza* (afirmativa). *Mañana no abren las tiendas* (negativa).
  - **Interrogativas.** Se usan para preguntar algo: *¿Qué hora es?*
  - **Exclamativas.** Expresan alegría, sorpresa, admiración: *¡Cómo has cambiado!*
  - **Exhortativas.** Se emplean para dar órdenes o prohibir: *No comas más dulces.*
  - **Optativas.** Expresan deseos: *¡Ojalá ganemos el partido!*
  - **Dubitativas.** Expresan duda: *Quizás me apunte a clases de guitarra.*
  - **De posibilidad.** Expresan que es muy posible que algo sea tal como se dice: *Estaremos a unos veinte grados.*

Clases de oraciones según el número de verbos

- Según el número de verbos que tengan, las oraciones pueden ser:
  - **Simples.** Cuando sólo tienen un verbo: *Te **recogeremos** en casa a las cinco.*
  - **Compuestas.** Cuando tienen más de un verbo: *No **llegué** a tiempo porque **perdí** el autobús.*

21

El **texto**

Cuando nos comunicamos a través del lenguaje, no empleamos sonidos sueltos, ni palabras o enunciados, sino que utilizamos unas unidades superiores llamadas textos. Una poesía, un anuncio en un periódico o una conversación constituyen un texto.

sonido → sílaba → palabra → enunciado → **texto**

enunciado: frase / oración

A veces, una palabra puede constituir un texto.
Por ejemplo: *¡Alto!* o *¡Sorpresa!*

Características del texto

- Son **mensajes completos**. Contienen toda la información necesaria para que se puedan entender.
- Las **ideas** que expresan aparecen **ordenadas**.
- Todos los enunciados que componen un texto se refieren a un **mismo tema**.
- Los enunciados que componen el texto se relacionan entre sí por medio de unos enlaces que se llaman **enlaces extraoracionales**. Estos enlaces suelen ser conjunciones, adverbios o grupos de palabras como *sin embargo, por lo tanto*...

enlaces extraoracionales: conjunciones / adverbios / grupos de palabras

Ortografía

O

Índice
Ortografía Primaria

1 La **ortografía** de la lengua castellana

En castellano, como en otras lenguas, surgen problemas ortográficos porque no siempre los sonidos se corresponden exactamente con las letras. Por ejemplo:

- Hay ocasiones en que un mismo sonido puede ser representado por diferentes letras. Así, el sonido **i** lo escribimos unas veces como **i** y otras como **y**: *re**i**na*, *re**y***.

- Puede suceder también lo contrario: que una misma letra represente distintos sonidos. Es el caso de la **c**, que suena como la zeta (*ciervo*) o como la ka (*casa*).

- Y por último, puede ocurrir que una letra no represente a ningún sonido; ése es el caso de la letra **h**, de manera que en las palabras *hormiga* y *zanahoria* no escuchamos el sonido de la **h**.

② El **uso** de la **b**

Se escriben con **b**:

- Las palabras que empiezan por las sílabas **bu-**, **bur-**, **bus-**:
  buzo, burlar, buscar.

- Todas aquellas palabras que empiezan por los prefijos **bi-**, **bis-** o **biz-**, cuando significan 'dos veces':
  bimotor ('dos motores')
  bisnieto ('dos veces nieto')
  bizcocho ('cocido dos veces')

> No hay que confundir el uso de **bi-**, **bis-** o **biz-** con el de **vi-**, **vice-** y **viz-**, que significan 'en lugar de' y se escriben con **v**: *vicepresidente.*

- Las palabras que empiezan por **bibl-**:
  Biblia, bibliografía.

- Cuando la **b** va delante de **l** o **r**:
  brazo, abrir, hablar, bloquear.

- Al final de sílaba o de palabra:
  absoluto, obtener, subterráneo, club.

- Las palabras terminadas en **-bundo**, **-bunda**, **-abilidad** y en **-ibilidad**:
  furibundo, meditabunda, amabilidad, posibilidad.

- Los compuestos y derivados de las palabras que se escriben con **b**:

Compuestos	*contrabando* ← *bando*	*guardabarros* ← *barro*
Derivados	*amabilísimo* ← *amable*	*recibidor* ← *recibir*

- Los verbos que acaban en **-bir** y todas las formas de estos verbos:
  escribir, escribiré, escribió.
  Excepciones: **hervir**, **servir** y **vivir**.

- Los verbos acabados en **-buir** y todas las formas de su conjugación que contengan el sonido **b**:
  atribuir, atribuye.

- Los verbos **beber** y **deber** y todas las formas de sus conjugaciones: *bebí, beberíamos, debáis, deberán.*
- Los infinitivos **caber**, **haber** y **saber** y todas las formas de sus conjugaciones en que aparezca el sonido **b**: *caben, habremos, sabríais.*
- Las formas del pretérito imperfecto de indicativo de los verbos de la primera conjugación y también las del verbo **ir**: *jugaba, nadábamos, ibais.*

3 El uso de la v

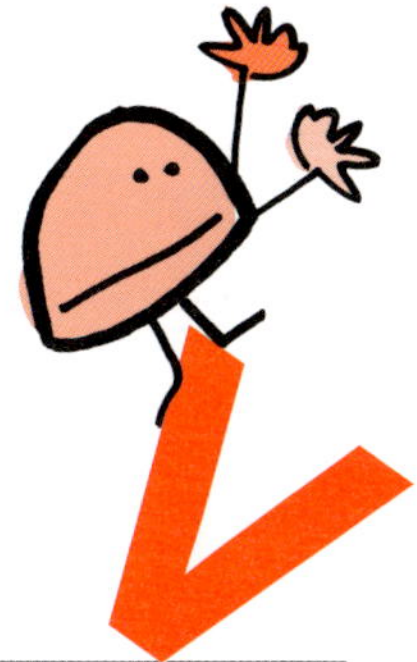

Se escriben con v:

- Las palabras que empiezan por los prefijos **vi-**, **vice-** o **viz-**, que significan 'en lugar de':
  virrey ('en lugar de un rey')
  vicecónsul ('en lugar de un cónsul')
  vizconde ('en lugar de un conde')

> No hay que confundir este uso con el de **bi-**, **bis-** y **biz-**, 'dos veces': *bicolor.*

- Cuando el sonido **b** va detrás de **d** o **b**: *advertir, obvio.*
- Las terminaciones **-ava**, **-ave**, **-avo**, **-eva**, **-eve**, **-evo**, **-ivo**, **-iva** de los adjetivos y determinantes: *suave, nuevo, leve, doceava.*
  Excepción: **árabe**.

- Las palabras terminadas en **-ívoro**, **-ívora**:
  carnívoro, herbívoro, omnívoro.
  Excepción: **víbora**.

- Los compuestos y derivados de las palabras que se escriben con **v**:

Compuestos	*tomavistas* ← *vista*	*convivir* ← *vivir*
Derivados	*suavidad* ← *suave*	*reverdecer* ← *verde*

- Todas las personas del pretérito perfecto simple, del pretérito imperfecto de subjuntivo y del futuro de subjuntivo de los verbos **andar**, **estar** y **tener**, así como las formas derivadas de estos verbos:
  anduvo; desanduvo
  estuviera o *estuviese*
  tuviéremos; mantuviéremos

- Los verbos terminados en **-servar**:
  reservar, conservar, preservar.

Dictado

• La b y la v

La ciudad de **Burgos**

Mi **abuelo**, de pequeño, **vivió varios** años en **Burgos**. De esta «**noble** y **apacible villa**» como a él le gusta llamarla, tiene recuerdos **inolvidables**. Ahora es mucho más **bulliciosa**, **sobre** todo los fines de semana con la cantidad de **visitantes** que **vienen** atraídos por su **bonita** catedral, por sus **notables** monumentos y por sus deliciosas **viandas**, como llama a **veces** el **abuelo** a las cosas de comer. Además, me explicó el origen de la **palabra**. **Burgos viene** de ***burgo***, que era como se **llamaba** a los **barrios** o **arrabales** de las ciudades **medievales**.

4 El **uso** de la **g**

Delante de una vocal, la letra **g** puede tener dos sonidos diferentes; uno suave, como en *gorro*, y otro semejante al de la **j**, como en *genial.*

La letra **g** siempre tiene sonido suave delante de **a**, **o**, **u** (*pagar*, *goma*, *guante*). Sin embargo, para que la letra **g** mantenga este sonido suave delante de **e**, **i**, debe ir seguida de una **u**, que no se pronuncia: *guerra, aguijón.*

Para que suene la **u** de los grupos **gue**, **gui**, es necesario escribir sobre ella el signo ortográfico de diéresis [¨]: *agüita*, *pingüino*, *vergüenza*.

Se escriben con g:

- Los verbos que acaban en **-ger** y **-gir** y todas sus formas verbales que contengan ese sonido: *coger*, *cogíamos*, *surgir*, *surgen*. Excepciones **tejer** y **crujir**.
- Las terminaciones **-gésimo** y **-gésima** (así como su derivado **-gesimal**) de algunos numerales: *trigésimo*, *vigesimal*.
- Las palabras que empiezan por **geo-**: *geografía*, *geometría*.
- Los compuestos y derivados de las palabras que se escriben con **g**:

  Compuestos ⟩ *sobrecoger* ← *coger*

  Derivados ⟩ *dirigente* ← *dirigir*

- Siempre que va delante de consonante: *signo*, *repugnante*, *insignia*, *ignorante*.

⑤ El **uso** de la **j**

Se escriben con **j**:

- Las palabras que terminan en **-je**: *traje, garaje, paisaje, eje.*
  Excepciones: **falange**, **faringe** y **laringe**.
- Las palabras que empiezan por **aje-** y **eje-**:
  ajeno, ajedrez, ejemplo, ejercicio.
  Excepciones: **agencia**, **agenda** y sus derivados.
- Los compuestos y derivados de las palabras que se escriben con **j**:

  Compuestos — *barriobajero ← bajo*

  Derivados — *conejera ← conejo*
- Las formas de los verbos terminados en **-jear**:
  hojear → hojeaste   *canjear → canjeamos*
- Las formas conjugadas de los verbos que en el infinitivo tienen una **j**:
  trabajar → trabajo, trabajaban   *crujir → cruje, crujirán*
- Los pretéritos perfectos simples de los verbos irregulares en los que entran los sonidos *je, ji,* sin que en los infinitivos de estos verbos haya **g** ni **j**:
  decir → dijiste   *traer → trajiste*

Dictado

- **La g y la j**

Objetos distinguidos

Nunca pensé que los **objetos viejos** pudieran ser tan **distinguidos** hasta que no entré en una tienda de **antigüedades**. El anticuario llevaba un **elegante traje gris** y me **preguntó** muy **agradable**: ¿Buscas algún **regalo**? Aquí encontrarás cualquier cosa: **relojes** de pared; **paragüeros** de cobre, faroles de **forja**, el **bargueño** de un **antiguo burgués**, **cajitas** de porcelana, **juguetes** de latón y cuerda, un **ajedrez** de **jade**, hasta un **jilguero** disecado en su **jaula**. Todo era tan... **distinguido**, ésa era la palabra. Y pensar que a lo **mejor** todas aquellas cosas estuvieron **algún** día en el **zaguán** de un humilde **hogar**.

6 El uso de la h

Se escriben con h:

- Las palabras que empiezan por **hia-**, **hie-**, **hue-**, **hui-**:
  hiato, hierro, huevo, huida.

- Las palabras que contienen el diptongo **ue** y éste va detrás de una vocal:
  cacahuete, ahuecar.

- Las palabras que empiezan por **hum-**:
  húmedo, humo, humano.

- Las palabras que empiezan por **hidro-**, **hidra-**, que significa 'agua':
  hidroavión ('avión que despega o aterriza en el agua')
  hidratar ('añadir agua a una sustancia')

- Las palabras que empiezan por los prefijos **hecto-**, **hemi-**, **homo-**, **hetero-**, **hiper-**, **hipo-**:
  hectolitro, hemisferio, homonimia, heterogéneo, hipermercado, hipotenso.

- Los compuestos y derivados de las palabras que se escriben con **h**:

Compuestos	*contrahecho* ← *hecho*
Derivados	*hermandad* ← *hermano*

  Excepciones:
  huevo → *ovario, óvulo, ovíparo, óvalo, ovalado…*
  hueso → *óseo, osamenta…*
  huérfano → *orfanato, orfandad, orfanato…*
  hueco → *oquedad*

- Todas las formas de los verbos **haber** y **hacer**:
  haber → *ha, he, habrán, habéis*
  hacer → *hacíamos, haga, haremos, hice*

Dictado

• La h

<u>**Historias** de esquimales</u>

Inka y su **hermana** Anak son esquimales, un antiguo pueblo que **habita** en el polo Norte, una de las zonas **heladas** y más **deshabitadas** de la Tierra. Los esquimales viven como auténticos ermitaños, en **humildes iglús**, rodeados de **hectáreas** de **hielo** que se extienden **hasta** el lejano **horizonte**, y se alimentan de animales que ellos mismos cazan y pescan. En las largas noches polares, las dos **hermanas** tienen tiempo de **hablar** entre ellas, mientras **hacen hermosos** collares de **hueso**, así como **herramientas** y otros útiles para los miembros de su familia.

7 El **uso** de la **ll**

Se escriben con **ll**:

- Las palabras terminadas en **-illo**, **-illa**:
  amarillo, orilla.

- Los sustantivos terminados en **-alle**, **-elle**, **-ello** y **-ullo**:
  calle, muelle, cabello, orgullo.

- Los compuestos y derivados de las palabras que contienen **ll**:

  Compuestos › *bocacalle ← calle*

  Derivados › *llavero ← llave*

- Los verbos con infinitivo terminado en **-ellar**, **-illar**, **-ullar**, **-ullir** y todas las formas de su conjugación:
  sellar → selló, sellaremos
  encasillar → encasille, encasillaríais
  embarullar → embarullé, embarullaron
  engullir → engulló, engulles

8 El **uso** de la **y**

Se escriben con **y**:

- Las palabras que terminan con un diptongo o triptongo acabado con el sonido **i**:
  rey, jersey, buey, convoy.
  Excepción: **fui**.

Cuando estas palabras forman su plural añadiendo **-es**, conservan la **y**: *rey → reyes* *buey → bueyes* *convoy → convoyes* Cuando forman el plural añadiendo nada más que una **-s**, entonces cambian la **y** por una **i**: *jersey → jerséis.*

- Las palabras que tienen los prefijos **ad-**, **dis-**, **in-**, **sub-**, seguidos del sonido **y** (*ye*):
  adyacente, disyuntiva, inyección, subyugar.

- Las palabras que comienzan por **yer-** o que contienen la sílaba **-yec-**:
  yerno, yermo, proyecto, trayecto.

- Los compuestos y derivados de las palabras que se escriben con **y**:

Compuestos	*pararrayos* ← *rayo*
Derivados	*enyesar* ← *yeso*

- Las formas verbales que contienen el sonido **y** (*ye*), aunque no lleven **ll** ni **y** en su infinitivo:
  caer → *cayeron* *leer* → *leyera* *oír* → *oyó*

Dictado

- **La ll y la y**

Vaya tarde de domingo

El domingo por la tarde, casi **llegando** a casa, el coche se estropeó. Un **humillo** negro salía del motor. Paramos junto a una **valla** publicitaria.

–¡**Vaya rollo**! –pensé.

–Pues habrá que **llamar** a la grúa –dijo mamá.

Yolanda, la peque, que había estado **callada** todo el camino, se puso a **llorar**.

–Echaré un vistazo –dijo papá, mientras quitaba las **llaves** de contacto–. ¿Me **ayudas**, Carlos? Pero no te ensucies tu **jersey amarillo**.

Al salir, metí el pie en un **hoyo** y como había **llovido**, me puse de barro hasta la **rodilla**. Papá abrió el capó, pero el humo no dejaba ver el **batiburrillo** de cables, aparatos, tuercas y **tornillos** que **allí** se **hallaban**. Dame el móvil, **llamaré** a un mecánico. Espero que **haya** cobertura.

9 El **uso** de la **m** antes de **b** y **p**

Se escribe **m** (y no **n**):

- Antes de **b** y **p**:
  ambición, símbolo, campo.

Dictado

- **La m antes de b y p**

Un paseo por el **campo**

Ayer hizo un **tiempo impresionante** para ser **noviembre**; así que papá nos propuso un paseo por el **campo**.

–¿Estáis preparados? –nos dijo.

–Sí, claro que sí –respondimos.

Pero no tanto como él: apareció **deslumbrante**, con un **sombrero** nuevo, pantalones **bombachos** y un **impermeable** amarillo **combinado** con botas de agua.

–¿Qué os parece? –nos preguntó **impaciente**.

–¡**Caramba**!, no estamos **acostumbrados** a verte así; casi **siempre** vas con traje y corbata.

–Vamos, coged vuestras **cantimploras** y algo de comer, que seguro que luego nos entra **hambre**.

Así lo hicimos, preparamos **emparedados** con pan y **fiambre** y le **acompañamos** en el paseo, tan **campantes**.

10 El **uso** de **r** y **rr**

Se escribe **r**:

- Entre vocales, cuando tiene un sonido suave:
  cara, aroma.
- Detrás de **l**, de **n** o de **s** se escribe **r**, aunque ésta tenga sonido fuerte:
  alrededor, enredar, israelí.
- Al comienzo de la palabra, aunque la **r** tenga sonido fuerte:
  ratón, raza, reptil.

Se escribe **rr** cuando aparece ese sonido fuerte entre vocales, aunque la palabra sea compuesta: *perro, contrarreloj.*

Dictado

- **La r y la rr**

Raúl en el desván

Aquella **tarde, Raúl** estaba **aburrido**, así que decidió **subir** al desván. Se **acercó** a la **puerta, miró por** la **cerradura**: todo estaba **oscuro, pero** se oían **ruiditos**.

–**Ratones**, pensó, **correteando por** los **rincones**.

Corrió el pestillo y se **abrió** la **puerta**, que **chirrió** como si **fuera** un **pajarraco**. Ante sus ojos había muebles tapados con sábanas, una **lámpara rota**, un **cuadro horrible** de un **señor** con bigotes, bultos **por** todas **partes**.

–Demasiado **arriesgado**, se dijo.

Así que **cerró** de un **portazo** y se **precipitó escaleras** abajo **mientras gritaba**:

–¿Dónde estás, maaaaaamá?

11 El **uso** de la **c** y de la **z**

El sonido z se escribe **z**:

- Cuando aparece ante **a**, **o**, **u** y al final de sílaba:
  zapato, amazona, zurrón, paz.

El sonido z se escribe **c**:

- Cuando aparece ante **e**, **i**:
  cepillo, abundancia, cigarrillo, peces.

  Excepciones:
  Palabras de origen extranjero como *zepelín* o *neozelandés*.
  Onomatopeyas: *zis-zas, zig-zag.*

Se escriben con **cc**:

- Las palabras en cuya familia hay otra que tiene **ct**:
  redacción (redactor).

Dictado

- **La c y la z**

Cita en el **zoo**

En **marzo** fuimos de visita al **zoológico**: teníamos una **cita** con los **avestruces**, las **gacelas** y las **cobras**, los **rinocerontes**, los **zorros**..., hasta un gigantesco **alce** vimos, con su gran **hocico** y sus cuernos tan **especiales**. Era **emocionante** ver la **reacción** de los más pequeños al descubrir aquella **mezcolanza** de animales, desde el **asustadizo** perrillo de las praderas, hasta el **feroz** león, aunque a esas horas durmiera **apaciblemente** la siesta. Caminamos hasta la hora del **almuerzo** y nos sentamos agotados y **felices** en una **zona** de **césped**; todo fue perfecto **excepto** una cosa: los mosquitos, que no pararon ni un minuto de **zumbar** en nuestros oídos.

⑫ El **uso** de la **x**

La **x** es una letra que se pronuncia **ks** y aparece en palabras como *examen*, *extraordinario*, *reflexionar*, *unisex*.
A veces la gente pronuncia la letra **x** como la **s** y esto hace que se confundan las dos letras y se cometan faltas de ortografía.

Se escriben con **x**:

- Muchas palabras que empiezan con el sonido *es* o *eks* seguido de las sílabas **pla**, **ple**, **pli**, **plo**, **pre**, **pri**, **pro**: *explanada*, *explicar*, *explorador*, *exprimir*.
- El prefijo **ex-**, que significa 'fuera de' o 'que ya no es': *excarcelar*, *expresidente*.
- El prefijo **extra-**, que significa 'fuera de': *extraescolar*, *extraterrestre*.

Dictado

- **La s y la x**

¿**Exis**te vida **extraterrestre**?

Una de las **expectativas** de los seres humanos en su aventura **espacial** es demostrar la **existencia** de vida en otros planetas. Nadie, ni los más **excéntricos**, **extravagantes** o **escépticos**, se atreven a **excluir** de manera rotunda la **existencia** de **extraterrestres**. Sin embargo, por el momento, ninguno de los artefactos que se han enviado al **espacio exterior** con el fin de **examinar** la superficie de otros **astros** y **extraer** de ella algunos materiales, ha detectado en sus **expediciones** rastros de vida. A pesar de ello, los avances de la **astronáutica** son **extraordinarios**, gracias a la **experiencia** de las personas que han dedicado todo su **esfuerzo** a la **exploración** de otros posibles mundos.

13 Las **mayúsculas**

Se escriben con letra inicial **mayúscula**:

- La primera palabra de un escrito o la que va detrás de punto:
  Mis primos llegaron tarde. Perdieron el autobús.

- Los nombres propios:
  Lucía Rodríguez, Buenos Aires, Miraflores de la Sierra.

- El artículo de algunos nombres propios, cuando forma parte del nombre:
  El Escorial, Los Ángeles.

- Los apodos y sobrenombres que acompañan o sustituyen al nombre de una persona:
  Alfonso X el Sabio, el Rey Sol, el Gran Capitán.

- Muchas veces, los nombres de algunos cargos y el tratamiento que se les da a determinadas personas:
  el Rey, Su Majestad, el Papa, Su Santidad, el Presidente.

Cuando estos títulos se usan en sentido genérico, o van seguidos del nombre de la persona que los tiene, se escriben siempre con minúscula:
En el hotel se alojaron reyes y presidentes,
El rey Juan Carlos asistió a la ceremonia.

- Los nombres propios de instituciones, establecimientos o sucesos históricos:
  Tribunal Supremo, Café La Catedral, Segunda Guerra Mundial.

- La letra inicial en los títulos de libros, periódicos, revistas, canciones, discos, etc.:
  Los tres mosqueteros, ¡Hola!, La flauta mágica.

- Después de los dos puntos que siguen al saludo en una carta o que anuncian una cita en un texto:
  Querida abuela:
  Te escribo...
  Marta dijo: «No sé qué hacer».

Dictado

- **Las mayúsculas**

El Rey Sabio

En la **Edad Media** hubo un rey de **Castilla** y **León** llamado **Alfonso X**. **Fue** un monarca muy preocupado por la cultura y se convirtió en protector de las ciencias y de las artes. **Por** esta razón se le dio el sobrenombre de el ***Sabio***. **El** rey **Alfonso X** escribió las ***Cantigas de Santa María***, una colección de poemas escritos en gallego que narran episodios de la **Virgen**. Bajo su mandato, tuvo un gran desarrollo la **Escuela de Traductores de Toledo**, donde se tradujeron importantes manuscritos árabes. Entre las obras que el sabio monarca mandó componer, se encuentran el ***Lapidario***, un tratado sobre las piedras preciosas, o el ***Libro** de los juegos de ajedrez, dados y tablas*.

14 La tilde o acento gráfico

La **tilde** o **acento gráfico** es un signo [´] que se escribe algunas veces sobre la vocal de la sílaba tónica de una palabra, como en *camión*, *panadería* o *simpático*.

Reglas generales de acentuación

- **Palabras agudas.** Se escriben con tilde cuando terminan en **vocal**, en **-n** o en **-s**:
  corrí, perdón, cortés.

- **Palabras llanas** o **graves.** Se escriben con tilde cuando terminan en una **consonante distinta** de **n** o de **s**: *ángel, césped, lápiz.*

  Excepción: cuando la palabra llana acaba en **consonante seguida de n** o **s**, sí lleva tilde: *bíceps, fórceps.*

- **Palabras esdrújulas.** Se escriben siempre con tilde: *árbitro, éxito, lámpara.*

- **Palabras sobreesdrújulas.** Se escriben siempre con tilde: *entrégamelo, pregúntaselo.*

Dictado

- **La tilde**

Una tormenta inoportuna

Nunca vi tormenta **más** inoportuna que **aquélla**. Justo cuando me **disponía** a salir, **empezó** a llover. Al principio, muy **débilmente**, **después sopló** una ligera brisa, hasta que **súbitamente** los **relámpagos** empezaron a dibujarse entre las nubes y el viento se **convirtió en ventarrón**. Luchar con el paraguas **resultó inútil** y una **ráfaga** de aire lo **volvió** del **revés**, mas no **sólo** eso: en ese mismo instante, un **camión** que **pasó** a toda velocidad me **empapó** con el agua de un charco de la cabeza a los pies.

–Todo me pasa a **mí** –**pensé**–, si me hubiera quedado en casa...

Así que me fui solo, chorreando, y con un **carácter** de perros.

Reglas especiales de acentuación

Los diptongos

Las palabras con diptongo siguen las mismas reglas generales de acentuación que las palabras agudas, llanas o esdrújulas.

- En los diptongos formados por vocal abierta (**a**, **e**, **o**) y vocal cerrada (**i**, **u**) la tilde se coloca sobre la vocal abierta:
  llegáis, avión, béisbol, miércoles, archipiélago.

- En los diptongos formados por dos vocales cerradas (**i**, **u**) la tilde se sitúa sobre la segunda vocal:
  huís, disminuí, lingüística.

Los triptongos

Los triptongos tónicos llevan el acento gráfico en la vocal abierta, que es la del medio:
averiguáis, renunciáis.

Los hiatos

El hiato se produce cuando dos vocales se escriben juntas pero se pronuncian en sílabas diferentes.

- Cuando el hiato está formado por una vocal cerrada tónica (**i**, **u**) y una vocal abierta (**a**, **e**, **o**), siempre lleva tilde:
  floristería, ríe, tío, grúa, continúe, flúor, país, reúne, egoísta.

Dictado

- **La tilde en diptongos e hiatos**

El **baúl** de la memoria

De vacaciones, en mi pequeña aldea, todos los **días** iba de paseo por el **río** con mi hermano Mario. A veces, les dejábamos mensajes a los chicos y chicas de la pandilla: «**Reúnete** con nosotros en el sitio de siempre». No **sabéis** cómo nos gustaba **oír** croar a las ranas, seguir con la vista el vuelo de las libélulas y averiguar de qué se trataba cualquier ruido que escuchábamos. En una **ocasión**, fuimos de noche para **oír** a los **búhos**. Ahora que estoy lejos de mi **país**, **continúo** recordando las afectuosas palabras de mis amigos, su **caótico** parloteo que tanto me **hacía reír** y los sonidos de los habitantes del bosque.

Las palabras compuestas

- Cuando las palabras que forman el compuesto van separadas por guión, llevan tilde si lo llevan las simples:
  trágico-cómico, *vasco-francés*.

Pero si las palabras que forman el compuesto se escriben sin guión, sólo se acentúa la última palabra, siguiendo las normas generales: *sinfín*, *cortacésped*, *decimoséptimo*.

Los adverbios terminados en *-mente*

- Llevan tilde si el adjetivo la llevaba antes de convertirse en adverbio:
  fácil → *fácilmente*   *rápido* → *rápidamente*

- No llevan tilde si el adjetivo no la llevaba antes de convertirse en adverbio:
  torpe → *torpemente*   *inteligente* → *inteligentemente*

Los monosílabos

Son las palabras que tienen una sola sílaba.

- En general, no llevan tilde:
  tos, fe, pie.
- Pueden acentuarse cuando necesitan diferenciarse de otras palabras que se escriben igual pero significan cosas distintas, como, por ejemplo: **se** (pronombre personal) / **sé** (forma de los verbos **saber** y **ser**); o **mas** (conjunción adversativa) / **más** (adverbio de cantidad). Cuando se acentúan en estos casos se dice que llevan **tilde diacrítica**.

Los interrogativos y los exclamativos

Las palabras **cómo**, **cuándo**, **cuánto**, **dónde**, **qué** y **quién** siempre van acentuadas cuando se utilizan para introducir preguntas o exclamaciones:
¿Cómo lo has hecho? ¡Cómo me gusta ese libro!
¿Cuándo vino? ¿Cuánto cuesta?
¿Dónde vive? ¡Pero dónde te has metido!
¿Qué te regalaron? ¡Qué color tan bonito!
¿Quién llamó? ¡Quién lo hubiera dicho!

Los demostrativos

Cuando los demostrativos desempeñan la función de núcleo pueden llevar tilde:
Éste es mi mejor amigo.
No quiero ésa, dame la figurita azul.
Guillermo es aquél, el del pelo rizado.

La tilde diacrítica

Se usa para diferenciar parejas de palabras que se escriben igual pero que significan cosas distintas. Se emplea especialmente con los monosílabos, aunque también la admiten otras palabras.

Ejemplos:

el	artículo	*Dame **el** periódico.*
él	pronombre	*Me lo ha regalado **él**.*
te	pronombre	***Te** debo una explicación.*
té	sustantivo	*Pidió una taza de **té**.*
si	conjunción	***Si** te apetece, vente.*
si	sustantivo	*Tocó la nota **si** con la flauta.*
sí	adverbio	*Los novios dijeron: «**Sí**, quiero».*
sí	pronombre	*Estaba muy nerviosa, fuera de **sí**.*
de	preposición	*Este libro es **de** Manuel.*
dé	verbo	*Dile que me lo **dé** inmediatamente.*
se	pronombre	*No **se** lo dijo.*
sé	verbo	*Ya **sé** qué comprarle.*
mas	conjunción	*Vivía en el bosque, **mas** nunca le vieron.*
más	adverbio	*Dame **más** agua.*
solo	adjetivo	*Ahora Raúl vive **solo**.*
sólo	adverbio	*Mi perro **sólo** me obedece a mí.*

15 Los **signos** de **puntuación**

Los signos de puntuación sirven para marcar en un escrito las pausas o la entonación que las personas utilizan al hablar.

El punto

El punto [.] se usa para marcar una pausa larga entre oraciones.

- Si la pausa se hace entre una oración y la que le sigue, se emplea el **punto y seguido**.
- Si la pausa se hace entre párrafos, se utiliza el **punto y aparte**.
- Si la pausa cierra un escrito entero, se pone **punto final**:

  Entramos en la sala. (Punto y seguido) *Las luces se encendieron.* (Punto y aparte)

  Nadie se atrevía a hablar el primero. (Punto y aparte)

  Por fin, Raquel relató lo ocurrido. (Punto final)

La coma

La coma [,] se utiliza:

- Para separar los elementos de una enumeración:
  Mi pizza preferida lleva tomate, doble ración de queso, salchichón y orégano.
- Para separar en una oración el nombre de la persona a la que nos dirigimos:
  Camarero, tráiganos la cuenta cuando pueda.
- Para hacer una pausa explicativa dentro de una oración:
  Mis amigos, Laura y Jaime, me han invitado a su fiesta.

Los dos puntos

Los dos puntos [**:**] se usan:

- Para introducir una enumeración que ha sido anunciada:
  Tengo los cuatro ases: el de copas, el de bastos, el de oros y el de espadas.
- Después del saludo con que comienzan las cartas:
  Querido amigo:
  Te escribo para decirte que…
- Antes de escribir las palabras exactas que ha dicho o ha escrito otra persona:
  El agente de tráfico nos dijo: «Hay obras en la carretera y deben tomar una desviación».
  Cervantes escribió: «En un lugar de La Mancha, de cuyo nombre no quiero acordarme…».
- Para explicar o detallar lo que se ha dicho antes:
  El animal echaba fuego por la boca: era un dragón.

El punto y coma

El punto y coma [**;**] se usa:

- Para separar los elementos de una enumeración cuando alguno de ellos ya lleva coma:
  He leído todos estos libros: «Cómo molo», de Elvira Lindo; «La vuelta al mundo en ochenta días», de Julio Verne; y «Matilda», de Roald Dahl.
- Delante de las palabras **pero**, **aunque**, **sin embargo**, **no obstante**… cuando estas palabras introducen oraciones largas:
  Se lleva muy bien con sus hermanos; sin embargo, a veces tiene discusiones y peleas con ellos, como todo el mundo.

Los puntos suspensivos

Se escriben puntos suspensivos [**...**] en estos casos:

- Para indicar que una enumeración está incompleta:
  En el museo había cuadros, esculturas, tapices...

- Para indicar que hacemos una pausa con la que expresamos duda, sorpresa, miedo, etc.:
  Pablo, tu calculadora... se me ha roto.

Los signos de interrogación

Los signos de interrogación [**¿?**] sirven para marcar una pregunta o una duda. En castellano, estos signos se abren y se cierran:
¿Cuándo llegaste? ¿Qué hora es?

- Si la pregunta no ocupa toda la oración, el signo de interrogación se abre donde empieza la pregunta y se cierra donde acaba:
  Si ya lo sabes, ¿por qué me preguntas?

- Si hay varias preguntas que van una detrás de otra, a cada una le corresponden sus propios signos de interrogación, porque cada pregunta es una oración:
  ¿Dónde transcurre la historia? ¿Qué tiene de especial ese lugar? ¿Quiénes viven allí?

Los signos de exclamación

Los signos de exclamación [**¡!**] sirven para indicar sorpresa, alegría, enfado, tristeza, susto, etc. A veces se les llama también signos de admiración. Como las interrogaciones, se abren y se cierran:
¡Qué alto estás!

- Igual que ocurre en la interrogación, la exclamación puede afectar sólo a una parte de la oración. Entonces, el signo se abrirá donde comience la exclamación y se cerrará donde termine:
  Estoy perdiendo la paciencia, ¡vístete de una vez!

- Si varias oraciones exclamativas van seguidas, a cada una le corresponden sus propios signos de exclamación:
  ¡Socorro! ¡Auxilio! ¡Ladrones!

El paréntesis

- El paréntesis [**( )**] se usa para encerrar datos aclaratorios, como fechas, lugares, explicación de siglas, etc.:
  El autor de «El Quijote» (Cervantes) era manco.
  El día de mi cumpleaños (1 de mayo) cae en festivo.
  Mis tíos viven en Venecia (Italia).
  Jesús colabora con una ONG (Organización No Gubernamental).

- También se emplea, como la raya, para hacer un inciso:
  Mi prima (que no tiene pelos en la lengua) me dijo que con este peinado parecía una bruja.

La raya

La raya [**–**] es un guión largo y se usa en estos casos:

- En los diálogos, introduce las palabras que dicen los personajes:
  –¿Qué tal el viaje?
  –Magnífico.

- Se usa también para separar lo que dice un personaje de las palabras del narrador:
  –¿Dónde estáis? –preguntó Hugo.

- Para indicar la pausa que hace el hablante en lo que dice e incluir una aclaración; entonces su uso es parecido al del paréntesis: *Me fui con mis padres a Ortigueira –que es un pueblo de Galicia– a pasar las vacaciones.*

El guión

El guión [-] sirve:

- Para separar las palabras de un compuesto: *hispano-árabe, teórico-práctico.*

- Para cortar una palabra que no cabe entera al final de una línea y debe continuar en la línea siguiente:
  Aquella mañana tan fría salimos todos de excursión al ***cam-***
  po*. Una gruesa capa de nieve cubría la tierra y los tejados.*

> Al dividir una palabra hay que tener en cuenta:
> – No separar vocales que iban seguidas:
> *agen-cia*, no ~~*agenci-a*~~.
> – No dejar una vocal sola a final de línea.
> *ocul-to*, no ~~*o-culto*~~.
> – No separar las letras **ll**, **ch** y **rr**; aunque sí se debe dividir **cc** si está a final de línea:
> *No supo rea**c**-*
> ***c**ionar.*

- Para separar dos fechas o dos páginas de un libro. La fecha o la página que está antes del guión indica el comienzo; la fecha o la página que está después del guión indica el final:
  Juan Ramón Jiménez (1881-1958) escribió «Platero y yo».
  Tengo que estudiar el capítulo cinco (páginas 58-69).

Las comillas

Las comillas [**«»** **“ ”**] sirven para lo siguiente:

- Para encerrar las palabras exactas que alguien dijo o escribió:
  «Dale al aspa molino
  hasta nevar el trigo»
  son dos versos de Miguel Hernández.
- A veces, también, para indicar las palabras que uno se inventa o las que se utilizan para expresar lo contrario de lo que se piensa:
  Al perro le pusieron de nombre «Patuquitos».
  Te has hecho un «precioso» roto en el vestido.

Dictado

- **Los signos de puntuación**

Tigresa ha sido mamá

Mi gata tiene el pelaje suave a rayas marrones**,** negras y anaranjadas**;** por eso la llamamos **«**Tigresa**».**

Cuando llego a casa**,** le digo**: «**Tigresa**, ¿**No vienes a saludarme**?».**

YTigresa **(**una gatita muy cariñosa**)** hace **«**ron**,** ron**,** ron**...»** mientras se frota suavemente contra mis piernas**.**

Esta mañana**,** mi hermano Quique me ha despertado de un grito**:**

–¡Ven**,** corre**!**

–¿Qué es lo que pasa**?**

–¡Tigresa ha sido mamá**!**

Allí estaba mi gata**,** tumbada en su cesto**,** y rodeada por unas bolitas peludas muy graciosas**.**

Empecé a contarlas**:** una**,** dos**,** tres**,** cuatro**,** cinco y**...** seis**.**
¡Tendré que pensar seis nombres**!**

Apéndices

Repaso: **Gramática**

¿Qué es? ¿Qué son?

- **El lenguaje:** El principal medio de comunicación entre los seres humanos.
- **La lengua:** El conjunto de sonidos, palabras y reglas para combinar esos elementos que comparte un grupo de personas

- **El abecedario:** El conjunto de letras de una lengua.

Abecedario del castellano
a b c d e f g h i j k l m n ñ o p q r s t u v w x y z

- **La sílaba:** Uno o más sonidos que pronunciamos de una vez.
- **Un diptongo:** La unión de dos vocales que se pronuncian en la misma sílaba.
- **Un hiato:** Dos vocales juntas que se pronuncian en sílabas diferentes.
- **La palabra:** Una sílaba o un conjunto de sílabas que sirven para expresar una idea.
- **El acento:** La fuerza con que se pronuncia una de las sílabas de la palabra.
- **La sílaba tónica:** La sílaba que lleva el acento en la palabra.
- **La sílaba átona:** La sílaba o sílabas que no llevan el acento en la palabra.

Clases de palabras	
Según el acento	
Palabras **agudas**	Su sílaba tónica es la última.
Palabras **llanas**	Su sílaba tónica es la penúltima.
Palabras **esdrújulas**	Su sílaba tónica es la antepenúltima.
Palabras **sobresdrújulas**	Su sílaba tónica es anterior a la antepenúltima.

Clases de palabras	
Según el número de sílabas	
Palabras **monosílabas**	Tienen una sílaba.
Palabras **bisílabas**	Tienen dos sílabas.
Palabras **polisílabas**	Tienen más de dos sílabas.
Según su forma	
Palabras **primitivas**	No proceden de otras palabras.
Palabras **derivadas**	Se forman añadiendo un sufijo al final.
Palabras **simples**	No se componen de otras palabras.
Palabras **compuestas**	Están formadas por dos o más palabras.
Según su significado	
Palabras **monosémicas**	Sólo tienen un significado.
Palabras **polisémicas**	Tienen varios significados.
Palabras **sinónimas**	Significan lo mismo.
Palabras **antónimas**	Significan lo contrario.
Palabras **homónimas**	Se pronuncian o escriben igual, pero significan cosas distintas.
Palabras **parónimas**	Son distintas en la forma y en su significado, pero se pronuncian de forma parecida.

- **Una familia de palabras:** El conjunto de las palabras que se han formado a partir de una misma palabra.
- **Un campo semántico:** El conjunto de palabras de la misma clase (sustantivos, adjetivos, adverbios...) que comparten un mismo rasgo de significado.
- **Un campo léxico:** Un conjunto de palabras de diferente clase que se agrupan porque se relacionan con un mismo tema.

- **Los sustantivos:** Palabras que sirven para nombrar a las personas, los animales, las cosas, las ideas y los sentimientos.

Clases de sustantivos	
Comunes	Sirven para nombrar a cualquier persona, animal, cosa, idea o sentimiento.
Propios	Sirven para decir cómo se llama una persona, una ciudad, un río, etc.
Individuales	En singular nombran a una sola persona, animal o cosa.
Colectivos	En singular nombran a un grupo de personas, animales o cosas.
Concretos	Nombran algo que se puede notar con los sentidos.
Abstractos	Nombran algo que no se puede notar con los sentidos.

El género de los sustantivos	
Masculino	Género de los sustantivos que pueden llevar delante el artículo *el* o *los*.
Femenino	Género de los sustantivos que pueden llevar delante el artículo *la* o *las*.

Formación del femenino
Se cambia la **-o** del masculino por una **-a**.
Se añade una terminación especial (como **-esa** o **-triz**).

El número de los sustantivos	
Singular	Número de los sustantivos que nombran a una sola persona, animal o cosa, o a un solo grupo de personas, animales o cosas.
Plural	Número de los sustantivos que nombran a varias, personas, animales o cosas, o a varios grupos de personas, animales o cosas.

Formación del plural
Se añade **-s** o **-es** al singular.
Se mantiene la misma forma del singular si es una palabra llana o esdrújula que acabe en **-s** o en **-x**.

- **Los adjetivos:** Palabras que sirven para expresar cualidades o estados del sustantivo al que se refieren. Van en el mismo género y número que el sustantivo al que acompañan.

Los grados de los adjetivos	
Positivo	El adjetivo expresa una cualidad o estado del sustantivo sin indicar su intensidad.
Comparativo	El adjetivo expresa la cualidad o el estado de un sustantivo y los compara con los de otro sustantivo.
Superlativo	El adjetivo expresa la mayor intensidad posible de una cualidad o de un estado.

- **Los determinantes:** Las palabras que van delante del sustantivo y sirven para concretarlo o determinarlo.
- **Los artículos:** Determinantes que no tienen significado propio y que únicamente sirven para anunciar o presentar a un sustantivo.

	Masculino	Femenino
Singular	*el*	*la*
Plural	*los*	*las*

- **El grupo nominal:** Conjunto de palabras cuyo núcleo es un sustantivo.

- **Los demostrativos:** Palabras que sirven para señalar a los seres y a los objetos, y expresan a qué distancia del hablante se encuentran esos seres u objetos.

	Singular		Plural	
	Masculino	Femenino	Masculino	Femenino
Cercanía	*este*	*esta*	*estos*	*estas*
Distancia media	*ese*	*esa*	*esos*	*esas*
Lejanía	*aquel*	*aquella*	*aquellos*	*aquellas*

- **Los posesivos:** Palabras que expresan que un ser o un objeto pertenece a uno o varios poseedores.

		Singular		Plural	
		Masc.	Fem.	Masc.	Fem.
Un poseedor	1.ª pers.	*mío, mi*	*mía, mi*	*míos, mis*	*mías, mis*
	2.ª pers.	*tuyo, tu*	*tuya, tu*	*tuyos, tus*	*tuyas, tus*
	3.ª pers.	*suyo, su*	*suya, su*	*suyos, sus*	*suyas, sus*
Varios poseedores	1.ª pers.	*nuestro*	*nuestra*	*nuestros*	*nuestras*
	2.ª pers.	*vuestro*	*vuestra*	*vuestros*	*vuestras*
	3.ª pers.	*suyo, su*	*suya, su*	*suyos, sus*	*suyas, sus*

- **Los numerales:** Palabras que indican una cantidad o un orden precisos. Pueden ser cardinales u ordinales.

Clases de numerales	
Numerales **cardinales**	Expresan cantidades exactas.
Numerales **ordinales**	Expresan el lugar que ocupan los seres u objetos dentro de un grupo ordenado.

- **Los indefinidos:** Palabras que se usan para referirse a las personas, animales o cosas de forma poco precisa.

Singular		Plural	
Masculino	Femenino	Masculino	Femenino
un	*una*	*unos*	*unas*
algún, alguno	*alguna*	*algunos*	*algunas*
ningún, ninguno	*ninguna*	*ningunos*	*ningunas*
poco	*poca*	*pocos*	*pocas*
mucho	*mucha*	*muchos*	*muchas*
demasiado	*demasiada*	*demasiados*	*demasiadas*
todo	*toda*	*todos*	*todas*

Funciones de los demostrativos, posesivos, numerales e indefinidos:

– **Determinante:** *Laura es **mi** prima.*

– **Núcleo:** *Vendían cuadernos y compré **dos**.*

– **Complemento:** *¿Te acuerdas de la película **aquella**?*

- **Los pronombres personales:**
Palabras que sirven para nombrar a personas, animales o cosas, sin usar sustantivos.
Son **tónicos** (los que aparecen solos) o **átonos** (los que no pueden aparecer solos).

		1.ª persona	2.ª persona	3.ª persona
Singular	tónicos	*yo, mí, conmigo*	*tú, usted, ti, contigo*	*él, ella, sí, consigo*
	átonos	*me*	*te*	*se, lo, la, le*
Plural	tónicos	*nosotros, nosotras*	*vosotros, vosotras, ustedes*	*ellos, ellas, sí, consigo*
	átonos	*nos*	*os*	*se, los, las, les*

- **Los verbos:** Palabras que sirven para expresar acciones y situarlas en el tiempo. La forma del verbo que sirve para nombrarlo es el **infinitivo** y termina en **-ar**, **-er**, **-ir**.

- **La raíz verbal:** La parte que queda al suprimir la terminación del infinitivo.

- **La desinencia verbal:** Cada una de las terminaciones que se añaden a la raíz para formar las diferentes formas del verbo.

- **La conjugación verbal:** Conjunto de las formas de un verbo, resultado de combinar su raíz con todas las desinencias que puede llevar.

Modelos de conjugación verbal	
1.ª conjugación	Verbos cuyo infinitivo acaba en **-ar**.
2.ª conjugación	Verbos cuyo infinitivo acaba en **-er**.
3.ª conjugación	Verbos cuyo infinitivo acaba en **-ir**.

- **El número del verbo**: Dependiendo del número de personas que realizan la acción verbal, las formas del verbo pueden estar en **singular** (la acción la realiza una sola persona) o en **plural** (la acción la realizan varias personas).

- **La persona del verbo**:

  Primera persona: La acción la realiza la persona o personas que hablan (*cantaré*, *cantamos*).

  Segunda persona: La acción la realiza la persona o personas que escuchan (*cantas*, *cantáis*).

  Tercera persona: La acción la realiza una persona o personas distintas de las que hablan o escuchan (*cantó*, *cantan*).

- **Formas no personales del verbo:**
  Las que no expresan personas.
  Son el **infinitivo** (*cantar*, *haber cantado*), el **gerundio** (*cantando*, *habiendo cantado*) y el **participio** (*cantado*).

- **El tiempo del verbo**:

  Pasado: La acción es anterior al momento en que se habla (*canté*).

  Presente: La acción ocurre en el momento en que se habla (*canto*).

  Futuro: La acción es posterior al momento en que se habla (*cantaré*).

- **El modo del verbo**:

  Indicativo: El hablante presenta la acción como real (*Julia ha llegado*).

  Subjuntivo: El hablante comunica un deseo o una orden negativa (*¡Que llueva! No tardes*).

  Imperativo: El hablante comunica una orden afirmativa (*Ven aquí*).

- **Los tiempos verbales**: Conjuntos de formas verbales que expresan la acción en el mismo tiempo y en el mismo modo.

Clasificación de los tiempos verbales		
Modos	Tiempos simples	Tiempos compuestos
Indicativo	Presente: *canto*	Pretérito perfecto compuesto: *he cantado*
	Pretérito imperfecto: *cantaba*	Pretérito pluscuamperfecto: *había cantado*
	Pretérito perfecto simple: *canté*	Pretérito anterior: *hube cantado*
	Futuro: *cantaré*	Futuro perfecto: *habré cantado*
	Condicional: *cantaría*	Condicional perfecto: *habría cantado*
Subjuntivo	Presente: *cante*	Pretérito perfecto: *haya cantado*
	Pretérito imperfecto: *cantara, cantase*	Pretérito pluscuamperfecto: *hubiera cantado, hubiese cantado*
	Futuro: *cantare*	Futuro perfecto: *hubiere cantado*
Imperativo	Presente: *canta*	

- **Los verbos regulares:** Los que mantienen la raíz igual en todas sus formas y toman las mismas desinencias que el verbo modelo de su conjugación.
- **Los verbos irregulares:** Los verbos cuya raíz varía en algunas de sus formas o toman desinencias distintas a las del verbo modelo de su conjugación.
- **Los verbos defectivos:** Los que sólo se conjugan en algunas formas: *llover, nevar, ocurrir.*
- **Los adverbios:** Palabras que indican circunstancias de lugar, tiempo, modo, cantidad, afirmación, negación o duda.
- **Los enlaces:** Palabras invariables que sirven para unir o relacionar palabras o grupos de palabras. Son las **preposiciones** y las **conjunciones**.
- **Las preposiciones:** Enlaces que unen unas palabras con otras a las que complementan. Son: *a, ante, bajo, con, contra, de, desde, durante, en, entre, hacia, hasta, mediante, para, por, según, sin, sobre, tras.*
- **Las conjunciones:** Enlaces que unen palabras o grupos de palabras que corresponden a ideas semejantes.

Tipos de conjunciones	
Copulativas	Dan idea de suma o acumulación (**y**, **e**, **ni**).
Disyuntivas	Dan idea de opción o elección (**o**, **u**).
Adversativas	Dan idea de contraposición (**pero**, **sino**).

- **Los enunciados:** Grupos de palabras ordenadas que sirven para expresar una idea.
- **Las frases:** Enunciados que no tienen verbo.
- **Las oraciones:** Enunciados cuyo núcleo es un verbo. Las oraciones tienen sujeto y predicado.

Clases de oraciones	
	Según la intención del hablante
Enunciativas	Se usan para informar.
Interrogativas	Sirven para preguntar.
Exclamativas	Expresan alegría, sorpresa…
Exhortativas	Se usan para ordenar o prohibir.
Optativas	Expresan deseos.
Dubitativas	Expresan duda.
De posibilidad	Expresan suposición.
	Según el número de verbos
Simples	Tienen un solo verbo.
Compuestas	Tienen más de un verbo.

- **El sujeto:** La persona, animal o cosa de la que se dice algo.

  Sujeto léxico: La palabra o palabras que funcionan como sujeto en la oración: ***Mi perra*** *se llama Chispa.*

  Sujeto gramatical: El número y la persona de la forma verbal de la oración: *Tengo sueño* (primera persona del singular: ***yo***).

- **El predicado:** Lo que se dice del sujeto.

  Predicado nominal: Su núcleo es el verbo *ser, estar* o *parecer*.

  Predicado verbal: Su núcleo es cualquier otro verbo.

- **Los textos:** Las unidades superiores de las que nos servimos para comunicarnos.

Repaso: **Ortografía**

Se escriben con **b**:

- Las palabras que empiezan por *bu-*, *bur-*, *bus-*; *bi-*, *bis-* o *biz-*, ('dos veces') y *bibl-*.
- Cuando la *b* va delante de *l* o *r*.
- Al final de sílaba o de palabra.
- Las palabras que terminan por *-bundo*, *-bunda*, *-abilidad*, *-ibilidad*.
- Los verbos que acaban en *-bir*, excepto: *hervir*, *servir* y *vivir*, y *-buir*.
- Los verbos *beber*, *deber*, *caber*, *haber* y *saber*.
- Las formas del pretérito imperfecto de indicativo de los verbos de la primera conjugación y las del verbo *ir*.

Se escriben con **v**:

- Las palabras que empiezan por *vi-*, *vice-* o *viz-* ('en lugar de').
- Cuando la *b* va detrás de *d* o *b*.
- Las terminaciones *-ava*, *-ave*, *-avo*, *-eva*, *-eve*, *-evo*, *-ivo*, *-iva* de los adjetivos y determinantes, excepto *árabe* y las palabras terminadas en *-ívoro*, *-ívora*, excepto *víbora*.
- Todas las personas del pretérito perfecto simple, del pretérito imperfecto de subjuntivo y del futuro de subjuntivo de los verbos *andar*, *estar* y *tener*.
- Los verbos terminados en *-servar*.

Se escriben con **g**:

- Los verbos que acaban en *-ger* y *-gir*, excepto *tejer* y *crujir*.
- Las terminaciones *-gésimo*, *-gésima* y *-gesimal* de algunos numerales.

- Las palabras que empiezan por *geo-*.
- Siempre que va delante de consonante.

Se escriben con **j**:

- Las palabras que terminan en *-je*, excepto *falange*, *faringe* y *laringe*.
- Las palabras que empiezan por *aje-* y *eje-*, excepto *agencia*, *agenda*.
- Las formas de los verbos terminados en *-jear*.
- Las formas conjugadas de los verbos que en el infinitivo tienen una *j*.
- Los pretéritos perfectos simples de los verbos irregulares en los que entran los sonidos *je*, *ji*, sin que en los infinitivos de estos verbos haya *g* ni *j*.

Se escriben con **h**:

- Las palabras que empiezan por *hia-*, *hie-*, *hue-*, *hui-*; *hum-*; *hidro-*, *hidra-* ('agua'); *hecto-*, *hemi-*, *homo-*, *hetero-*, *hiper-*, *hipo-*.
- Las palabras que contienen el diptongo *ue* y éste va detrás de una vocal (*cacahuete*).
- Los verbos *haber* y *hacer*.

Se escriben con **ll**:

- Las palabras terminadas en *-illo*, *-illa*; *-alle*, *-elle*, *-ello*, *-ullo*.
- Los verbos con infinitivo terminado en *-ellar*, *-illar*, *-ullar*, *-ullir*.

Se escriben con **y**:

- Las palabras que terminan en diptongo o triptongo acabado con el sonido *i*.
- Las palabras que tienen los prefijos *ad-*, *dis-*, *in-*, *sub-* seguidos del sonido *y* (*ye*): *adyacente*.
- Las palabras que comienzan por *yer-* o que contienen la sílaba *-yec-*.
- Las formas verbales que contienen el sonido *y* (*ye*) aunque no lleven *ll* ni *y* en sus infinitivos.

Se escribe **m**:

- Antes de *b* y *p*.

Se escribe **r**:

- Entre vocales.
- Detrás de *l*, *n* o *s*.
- Al comienzo de la palabra.

Se escribe **z**:

- (Sonido z) Delante de *a*, *o*, *u* y al final de sílaba.

Se escribe **c**:

- (Sonido z) Delante de *e*, *i*.

Se escriben con **cc**:

- Las palabras en cuya familia hay otra que tiene *ct*: *traducción*.

Se escriben con **x**:

- Muchas palabras que empiezan con el sonido *es* o *eks* seguido de las sílabas *pla, ple, pli, plo, pre, pri, pro.*
- Los prefijos *ex-* ('fuera de', 'que ya no es') y *extra-* ('fuera de').

Se escriben con **mayúscula**:

- La primera palabra de un escrito o la que va detrás de punto.
- Los nombres propios, apodos y sobrenombres.
- Algunos cargos y tratamientos que se les da a ciertas personas.
- La letra inicial de los títulos de libros, periódicos, revistas, canciones, discos, etc.
- Después de los dos puntos que siguen al saludo en una carta o que anuncian una cita en un texto.

Llevan **tilde**:

- Las palabras agudas terminadas en vocal, *n* o *s.*
- Las palabras llanas terminadas en consonante distinta de *n* o *s.*
- Las palabras esdrújulas.
- Las palabras sobreesdrújulas.
- Los **hiatos** formados por una vocal cerrada (*i, u*) y una vocal abierta (*a, e, o*): *jardinería, ríe, oír.*
- Los interrogativos y los exclamativos: *cómo, cuándo, cuánto, dónde, qué* y *quién.*

Se escribe **punto** [.]:

- Para marcar una pausa larga entre oraciones.
- Al finalizar un escrito.

Se escribe **coma** [,]:

- Para separar los elementos de una enumeración.
- Para separar en una oración el nombre de la persona a la que nos dirigimos.
- Para hacer una pausa explicativa dentro de una oración.

Se escriben **dos puntos** [:]:

- Para introducir una enumeración que ha sido anunciada.
- Después del saludo con que comienzan las cartas.
- Antes de escribir las palabras exactas que ha dicho o ha escrito otra persona.

Se escribe **punto y coma** [;]:

- Para separar los elementos de una enumeración cuando alguno de ellos ya lleva coma.
- Delante de *pero*, *aunque*, *sin embargo*, *no obstante*... cuando introducen oraciones largas.

Se escriben **puntos suspensivos** [...]:

- Para indicar que una enumeración está incompleta.
- Para indicar que hacemos una pausa con la que expresamos duda, sorpresa, miedo, etc.

Se escriben **signos de interrogación** [¿ ?]:

- Al principio y al final de una oración interrogativa.

Se escriben **signos de exclamación** [¡ !]:

- Al principio y al final de una oración exclamativa.

Se escribe **paréntesis** [( )]

- Para encerrar datos aclaratorios, como fechas, lugares, explicación de siglas, etc.

Se escribe **raya** [–]:

- En los diálogos, para introducir las palabras que dicen los personajes.
- Para separar lo que dice un personaje de las palabras del narrador.
- Para incluir una aclaración, igual que el paréntesis.

Se escribe **guion** [-]:

- Para separar las palabras de un compuesto.
- Para dividir palabras a final de línea.
- Para separar dos fechas (*1999-2003*) o dos páginas de un libro (*112-119*).

Se escriben **comillas** [« » " "]:

- Para encerrar las palabras exactas que alguien dijo o escribió.

La **conjugación** verbal

Verbos regulares

Primera conjugación: *saltar*

Formas no personales

Formas simples		
Infinitivo	Gerundio	Participio
saltar	saltando	saltado

Formas compuestas		
Inf. compuesto	Ger. compuesto	El participio no tiene forma compuesta.
haber saltado	habiendo saltado	

Formas personales

Modo indicativo	
Tiempos simples	**Tiempos compuestos**
Presente	Pretérito perfecto compuesto
yo **salto**	yo **he saltado**
tú **saltas**	tú **has saltado**
él **salta**	él **ha saltado**
nosotros **saltamos**	nosotros **hemos saltado**
vosotros **saltáis**	vosotros **habéis saltado**
ellos **saltan**	ellos **han saltado**
Pretérito imperfecto	Pretérito pluscuamperfecto
yo **saltaba**	yo **había saltado**
tú **saltabas**	tú **habías saltado**
él **saltaba**	él **había saltado**
nosotros **saltábamos**	nosotros **habíamos saltado**
vosotros **saltabais**	vosotros **habíais saltado**
ellos **saltaban**	ellos **habían saltado**

Modo indicativo	
Tiempos simples	**Tiempos compuestos**
Pretérito perfecto simple	Pretérito anterior
yo **salté**	yo **hube saltado**
tú **saltaste**	tú **hubiste saltado**
él **saltó**	él **hubo saltado**
nosotros **saltamos**	nosotros **hubimos saltado**
vosotros **saltasteis**	vosotros **hubisteis saltado**
ellos **saltaron**	ellos **hubieron saltado**
Futuro	Futuro perfecto
yo **saltaré**	yo **habré saltado**
tú **saltarás**	tú **habrás saltado**
él **saltará**	él **habrá saltado**
nosotros **saltaremos**	nosotros **habremos saltado**
vosotros **saltaréis**	vosotros **habréis saltado**
ellos **saltarán**	ellos **habrán saltado**
Condicional	Condicional perfecto
yo **saltaría**	yo **habría saltado**
tú **saltarías**	tú **habrías saltado**
él **saltaría**	él **habría saltado**
nosotros **saltaríamos**	nosotros **habríamos saltado**
vosotros **saltaríais**	vosotros **habríais saltado**
ellos **saltarían**	ellos **habrían saltado**

Modo subjuntivo	
Tiempos simples	**Tiempos compuestos**
Presente	Pretérito perfecto
yo **salte**	yo **haya saltado**
tú **saltes**	tú **hayas saltado**
él **salte**	él **haya saltado**
nosotros **saltemos**	nosotros **hayamos saltado**
vosotros **saltéis**	vosotros **hayáis saltado**
ellos **salten**	ellos **hayan saltado**

Modo subjuntivo	
Tiempos simples	**Tiempos compuestos**
Pretérito imperfecto	Pretérito pluscuamperfecto
yo **saltara**	yo **hubiera**
o **saltase**	o **hubiese saltado**
tú **saltaras**	tú **hubieras**
o **saltases**	o **hubieses saltado**
él **saltara**	él **hubiera**
o **saltase**	o **hubiese saltado**
nosotros **saltáramos**	nosotros **hubiéramos**
o **saltásemos**	o **hubiésemos saltado**
vosotros **saltarais**	vosotros **hubierais**
o **saltaseis**	o **hubieseis saltado**
ellos **saltaran**	ellos **hubieran**
o **saltasen**	o **hubiesen saltado**
Futuro	Futuro perfecto
yo **saltare**	yo **hubiere saltado**
tú **saltares**	tú **hubieres saltado**
él **saltare**	él **hubiere saltado**
nosotros **saltáremos**	nosotros **hubiéremos saltado**
vosotros **saltareis**	vosotros **hubiereis saltado**
ellos **saltaren**	ellos **hubieren saltado**

Modo imperativo	
Tiempos simples	**Tiempos compuestos**
Presente	El modo imperativo no tiene tiempos compuestos.
salta tú	
salte usted	
saltemos nosotros	
saltad vosotros	
salten ustedes	

Segunda conjugación: *comer*

Formas no personales

Formas simples		
Infinitivo	Gerundio	Participio
comer	comiendo	comido

Formas compuestas		
Inf. compuesto	Ger. compuesto	El participio no tiene forma compuesta.
haber comido	habiendo comido	

Formas personales

Modo indicativo	
Tiempos simples	**Tiempos compuestos**
Presente	Pretérito perfecto compuesto
yo **como**	yo **he comido**
tú **comes**	tú **has comido**
él **come**	él **ha comido**
nosotros **comemos**	nosotros **hemos comido**
vosotros **coméis**	vosotros **habéis comido**
ellos **comen**	ellos **han comido**
Pretérito imperfecto	Pretérito pluscuamperfecto
yo **comía**	yo **había comido**
tú **comías**	tú **habías comido**
él **comía**	él **había comido**
nosotros **comíamos**	nosotros **habíamos comido**
vosotros **comíais**	vosotros **habíais comido**
ellos **comían**	ellos **habían comido**

Modo indicativo	
Tiempos simples	**Tiempos compuestos**
Pretérito perfecto simple	Pretérito anterior
yo **comí**	yo **hube comido**
tú **comiste**	tú **hubiste comido**
él **comió**	él **hubo comido**
nosotros **comimos**	nosotros **hubimos comido**
vosotros **comisteis**	vosotros **hubisteis comido**
ellos **comieron**	ellos **hubieron comido**
Futuro	Futuro perfecto
yo **comeré**	yo **habré comido**
tú **comerás**	tú **habrás comido**
él **comerá**	él **habrá comido**
nosotros **comeremos**	nosotros **habremos comido**
vosotros **comeréis**	vosotros **habréis comido**
ellos **comerán**	ellos **habrán comido**
Condicional	Condicional perfecto
yo **comería**	yo **habría comido**
tú **comerías**	tú **habrías comido**
él **comería**	él **habría comido**
nosotros **comeríamos**	nosotros **habríamos comido**
vosotros **comeríais**	vosotros **habríais comido**
ellos **comerían**	ellos **habrían comido**

Modo subjuntivo	
Tiempos simples	**Tiempos compuestos**
Presente	Pretérito perfecto
yo **coma**	yo **haya comido**
tú **comas**	tú **hayas comido**
él **coma**	él **haya comido**
nosotros **comamos**	nosotros **hayamos comido**
vosotros **comáis**	vosotros **hayáis comido**
ellos **coman**	ellos **hayan comido**

Modo subjuntivo	
Tiempos simples	**Tiempos compuestos**
Pretérito imperfecto	Pretérito pluscuamperfecto
yo **comiera** o **comiese**	yo **hubiera** o **hubiese comido**
tú **comieras** o **comieses**	tú **hubieras** o **hubieses comido**
él **comiera** o **comiese**	él **hubiera** o **hubiese comido**
nosotros **comiéramos** o **comiésemos**	nosotros **hubiéramos** o **hubiésemos comido**
vosotros **comierais** o **comieseis**	vosotros **hubierais** o **hubieseis comido**
ellos **comieran** o **comiesen**	ellos **hubieran** o **hubiesen comido**
Futuro	Futuro perfecto
yo **comiere**	yo **hubiere comido**
tú **comieres**	tú **hubieres comido**
él **comiere**	él **hubiere comido**
nosotros **comiéremos**	nosotros **hubiéremos comido**
vosotros **comiereis**	vosotros **hubiereis comido**
ellos **comieren**	ellos **hubieren comido**

Modo imperativo	
Tiempos simples	**Tiempos compuestos**
Presente	El modo imperativo no tiene tiempos compuestos.
come tú	
coma usted	
comamos nosotros	
comed vosotros	
coman ustedes	

Tercera conjugación: *vivir*

Formas no personales

Formas simples		
Infinitivo	Gerundio	Participio
vivir	viviendo	vivido

Formas compuestas		
Inf. compuesto	Ger. compuesto	El participio no tiene forma compuesta.
haber vivido	habiendo vivido	

Formas personales

Modo indicativo	
Tiempos simples	**Tiempos compuestos**
Presente	Pretérito perfecto compuesto
yo **vivo**	yo **he vivido**
tú **vives**	tú **has vivido**
él **vive**	él **ha vivido**
nosotros **vivimos**	nosotros **hemos vivido**
vosotros **vivís**	vosotros **habéis vivido**
ellos **viven**	ellos **han vivido**
Pretérito imperfecto	Pretérito pluscuamperfecto
yo **vivía**	yo **había vivido**
tú **vivías**	tú **habías vivido**
él **vivía**	él **había vivido**
nosotros **vivíamos**	nosotros **habíamos vivido**
vosotros **vivíais**	vosotros **habíais vivido**
ellos **vivían**	ellos **habían vivido**

Modo indicativo	
Tiempos simples	**Tiempos compuestos**
Pretérito perfecto simple	Pretérito anterior
yo **viví**	yo **hube vivido**
tú **viviste**	tú **hubiste vivido**
él **vivió**	él **hubo vivido**
nosotros **vivimos**	nosotros **hubimos vivido**
vosotros **vivisteis**	vosotros **hubisteis vivido**
ellos **vivieron**	ellos **hubieron vivido**
Futuro	Futuro perfecto
yo **viviré**	yo **habré vivido**
tú **vivirás**	tú **habrás vivido**
él **vivirá**	él **habrá vivido**
nosotros **viviremos**	nosotros **habremos vivido**
vosotros **viviréis**	vosotros **habréis vivido**
ellos **vivirán**	ellos **habrán vivido**
Condicional	Condicional perfecto
yo **viviría**	yo **habría vivido**
tú **vivirías**	tú **habrías vivido**
él **viviría**	él **habría vivido**
nosotros **viviríamos**	nosotros **habríamos vivido**
vosotros **viviríais**	vosotros **habríais vivido**
ellos **vivirían**	ellos **habrían vivido**

Modo subjuntivo	
Tiempos simples	**Tiempos compuestos**
Presente	Pretérito perfecto
yo **viva**	yo **haya vivido**
tú **vivas**	tú **hayas vivido**
él **viva**	él **haya vivido**
nosotros **vivamos**	nosotros **hayamos vivido**
vosotros **viváis**	vosotros **hayáis vivido**
ellos **vivan**	ellos **hayan vivido**

Modo subjuntivo	
Tiempos simples	**Tiempos compuestos**
Pretérito imperfecto	Pretérito pluscuamperfecto
yo **viviera**	yo **hubiera**
o **viviese**	o **hubiese vivido**
tú **vivieras**	tú **hubieras**
o **vivieses**	o **hubieses vivido**
él **viviera**	él **hubiera**
o **viviese**	o **hubiese vivido**
nosotros **viviéramos**	nosotros **hubiéramos**
o **viviésemos**	o **hubiésemos vivido**
vosotros **vivierais**	vosotros **hubierais**
o **vivieseis**	o **hubieseis vivido**
ellos **vivieran**	ellos **hubieran**
o **viviesen**	o **hubiesen vivido**
Futuro	Futuro perfecto
yo **viviere**	yo **hubiere vivido**
tú **vivieres**	tú **hubieres vivido**
él **viviere**	él **hubiere vivido**
nosotros **viviéremos**	nosotros **hubiéremos vivido**
vosotros **viviereis**	vosotros **hubiereis vivido**
ellos **vivieren**	ellos **hubieren vivido**

Modo imperativo	
Tiempos simples	**Tiempos compuestos**
Presente	El modo imperativo no tiene tiempos compuestos.
vive tú	
viva usted	
vivamos nosotros	
vivid vosotros	
vivan ustedes	

Verbos irregulares

*Acertar**

Modo indicativo – Presente	Modo subjuntivo – Presente	Modo imperativo – Presente
yo **acierto**	yo **acierte**	
tú **aciertas**	tú **aciertes**	**acierta** tú
él **acierta**	él **acierte**	**acierte** usted
nosotros acertamos	nosotros acertemos	acertemos nosotros
vosotros acertáis	vosotros acertéis	acertad vosotros
ellos **aciertan**	ellos **acierten**	**acierten** ustedes

* A partir de este verbo sólo se recogen los tiempos que tienen formas irregulares. Los demás tiempos se conjugan siguiendo el verbo modelo. Las formas irregulares de los tiempos se destacan en letra negrita.

Se conjugan según este modelo: ***calentar***, ***cerrar***, ***despertar***, ***empezar***, ***fregar***, ***pensar***.

Andar

Modo indicativo – Pretérito perf. simple	Modo subjuntivo – Pretérito imperfecto
yo **anduve**	yo **anduviera** o **anduviese**
tú **anduviste**	tú **anduvieras** o **anduvieses**
él **anduvo**	él **anduviera** o **anduviese**
nosotros **anduvimos**	nosotros **anduviéramos** o **anduviésemos**
vosotros **anduvisteis**	vosotros **anduvierais** o **anduvieseis**
ellos **anduvieron**	ellos **anduvieran** o **anduviesen**

Modo subjuntivo – Futuro
yo **anduviere**
tú **anduvieres**
él **anduviere**
nosotros **anduviéremos**
vosotros **anduviereis**
ellos **anduvieren**

Se conjuga según este modelo: ***desandar***.

Caber

Modo indicativo		
Presente	Pretérito perf. simple	Futuro
yo **quepo**	yo **cupe**	yo **cabré**
tú cabes	tú **cupiste**	tú **cabrás**
él cabe	él **cupo**	él **cabrá**
nosotros cabemos	nosotros **cupimos**	nosotros **cabremos**
vosotros cabéis	vosotros **cupisteis**	vosotros **cabréis**
ellos caben	ellos **cupieron**	ellos **cabrán**

Modo indicativo
Condicional
yo **cabría**
tú **cabrías**
él **cabría**
nosotros **cabríamos**
vosotros **cabríais**
ellos **cabrían**

Modo subjuntivo	
Presente	Futuro
yo **quepa**	yo **cupiere**
tú **quepas**	tú **cupieres**
él **quepa**	él **cupiere**
nosotros **quepamos**	nosotros **cupiéremos**
vosotros **quepáis**	vosotros **cupiereis**
ellos **quepan**	ellos **cupieren**

Modo subjuntivo
Pretérito imperfecto
yo **cupiera** o **cupiese**
tú **cupieras** o **cupieses**
él **cupiera** o **cupiese**
nosotros **cupiéramos** o **cupiésemos**
vosotros **cupierais** o **cupieseis**
ellos **cupieran** o **cupiesen**

Modo imperativo
Presente
cabe tú
quepa usted
quepamos nosotros
cabed vosotros
quepan ustedes

Caer

Formas no personales

Infinitivo	Gerundio	Participio
caer	**cayendo**	caído

Formas personales

Modo indicativo	
Presente	**Pretérito perf. simple**
yo **caigo**	yo caí
tú caes	tú caíste
él cae	él **cayó**
nosotros caemos	nosotros caímos
vosotros caéis	vosotros caísteis
ellos caen	ellos **cayeron**

Modo subjuntivo	
Presente	**Pretérito imperfecto**
yo **caiga**	yo **cayera** o **cayese**
tú **caigas**	tú **cayeras** o **cayeses**
él **caiga**	él **cayera** o **cayese**
nosotros **caigamos**	nosotros **cayéramos** o **cayésemos**
vosotros **caigáis**	vosotros **cayerais** o **cayeseis**
ellos **caigan**	ellos **cayeran** o **cayesen**

Modo subjuntivo
Futuro
yo **cayere**
tú **cayeres**
él **cayere**
nosotros **cayéremos**
vosotros **cayereis**
ellos **cayeren**

Modo imperativo
Presente
cae tú
caiga usted
caigamos nosotros
caed vosotros
caigan ustedes

Se conjugan según este modelo: ***decaer***, ***recaer***.

Conducir

Modo indicativo	
Presente	Pretérito perf. simple
yo **conduzco**	yo **conduje**
tú conduces	tú **condujiste**
él conduce	él **condujo**
nosotros conducimos	nosotros **condujimos**
vosotros conducís	vosotros **condujisteis**
ellos conducen	ellos **condujeron**

Modo subjuntivo	
Presente	Pretérito imperfecto
yo **conduzca**	yo **condujera** o **condujese**
tú **conduzcas**	tú **condujeras** o **condujeses**
él **conduzca**	él **condujera** o **condujese**
nosotros **conduzcamos**	nosotros **condujéramos** o **condujésemos**
vosotros **conduzcáis**	vosotros **condujerais** o **condujeseis**
ellos **conduzcan**	ellos **condujeran** o **condujesen**

Modo subjuntivo
Futuro
yo **condujere**
tú **condujeres**
él **condujere**
nosotros **condujéremos**
vosotros **condujereis**
ellos **condujeren**

Modo imperativo
Presente
conduce tú
conduzca usted
conduzcamos nosotros
conducid vosotros
conduzcan ustedes

Se conjugan según este modelo: ***deducir***, ***introducir***, ***producir***, ***reducir***, ***seducir***, ***traducir***.

Conocer

Modo indicativo	Modo subjuntivo	Modo imperativo
Presente	Presente	Presente
yo **conozco**	yo **conozca**	
tú conoces	tú **conozcas**	conoce tú
él conoce	él **conozca**	**conozca** usted
nosotros conocemos	nosotros **conozcamos**	**conozcamos** nosotros
vosotros conocéis	vosotros **conozcáis**	conoced vosotros
ellos conocen	ellos **conozcan**	**conozcan** ustedes

Se conjugan según este modelo: ***agradecer***, ***complacer***, ***endurecer***, ***enfurecer***, ***merecer***, ***nacer***.

Dar

Modo indicativo	
Presente	Pretérito perf. simple
yo **doy**	yo **di**
tú das	tú **diste**
él da	él **dio**
nosotros damos	nosotros **dimos**
vosotros dais	vosotros **disteis**
ellos dan	ellos **dieron**

Modo subjuntivo	
Pretérito imperfecto	Futuro
yo **diera** o **diese**	yo **diere**
tú **dieras** o **dieses**	tú **dieres**
él **diera** o **diese**	él **diere**
nosotros **diéramos** o **diésemos**	nosotros **diéremos**
vosotros **dierais** o **dieseis**	vosotros **diereis**
ellos **dieran** o **diesen**	ellos **dieren**

Decir

Formas no personales

Infinitivo	Gerundio	Participio
decir	**diciendo**	**dicho**

Formas personales

Modo indicativo		
Presente	Pretérito perf. simple	Futuro
yo **digo**	yo **dije**	yo **diré**
tú **dices**	tú **dijiste**	tú **dirás**
él **dice**	él **dijo**	él **dirá**
nosotros decimos	nosotros **dijimos**	nosotros **diremos**
vosotros decís	vosotros **dijisteis**	vosotros **diréis**
ellos **dicen**	ellos **dijeron**	ellos **dirán**

Modo indicativo
Condicional
yo **diría**
tú **dirías**
él **diría**
nosotros **diríamos**
vosotros **diríais**
ellos **dirían**

Modo subjuntivo	
Presente	Futuro
yo **diga**	yo **dijere**
tú **digas**	tú **dijeres**
él **diga**	él **dijere**
nosotros **digamos**	nosotros **dijéremos**
vosotros **digáis**	vosotros **dijereis**
ellos **digan**	ellos **dijeren**

Modo subjuntivo
Pretérito imperfecto
yo **dijera** o **dijese**
tú **dijeras** o **dijeses**
él **dijera** o **dijese**
nosotros **dijéramos** o **dijésemos**
vosotros **dijerais** o **dijeseis**
ellos **dijeran** o **dijesen**

Modo imperativo
Presente
di tú
diga usted
digamos nosotros
decid vosotros
digan ustedes

Se conjugan según este modelo: ***contradecir***, ***desdecir***.

Dormir

Formas no personales

Infinitivo	Gerundio	Participio
dormir	**durmiendo**	dormido

Formas personales

Modo indicativo	
Presente	**Pretérito perf. simple**
yo **duermo**	yo dormí
tú **duermes**	tú dormiste
él **duerme**	él **durmió**
nosotros dormimos	nosotros dormimos
vosotros dormís	vosotros dormisteis
ellos **duermen**	ellos **durmieron**

Modo subjuntivo	
Presente	**Pretérito imperfecto**
yo **duerma**	yo **durmiera** o **durmiese**
tú **duermas**	tú **durmieras** o **durmieses**
él **duerma**	él **durmiera** o **durmiese**
nosotros **durmamos**	nosotros **durmiéramos** o **durmiésemos**
vosotros **durmáis**	vosotros **durmierais** o **durmieseis**
ellos **duerman**	ellos **durmieran** o **durmiesen**

Modo subjuntivo
Futuro
yo **durmiere**
tú **durmieres**
él **durmiere**
nosotros **durmiéremos**
vosotros **durmiereis**
ellos **durmieren**

Modo imperativo
Presente
duerme tú
duerma usted
durmamos nosotros
dormid vosotros
duerman ustedes

Se conjuga según este modelo: ***morir***, excepto en el participio: ***muerto***.

Estar

Modo indicativo	
Presente	**Pretérito perf. simple**
yo **estoy**	yo **estuve**
tú estás	tú **estuviste**
él está	él **estuvo**
nosotros estamos	nosotros **estuvimos**
vosotros estáis	vosotros **estuvisteis**
ellos están	ellos **estuvieron**

Modo subjuntivo	
Pretérito imperfecto	**Futuro**
yo **estuviera** o **estuviese**	yo **estuviere**
tú **estuvieras** o **estuvieses**	tú **estuvieres**
él **estuviera** o **estuviese**	él **estuviere**
nosotros **estuviéramos** o **estuviésemos**	nosotros **estuviéremos**
vosotros **estuvierais** o **estuvieseis**	vosotros **estuviereis**
ellos **estuvieran** o **estuviesen**	ellos **estuvieren**

Haber

Con este verbo se forman los tiempos compuestos. Puedes ver su conjugación en los cuadros de **saltar**, **comer** y **vivir**.
Las correspondencias son las siguientes:

Modo indicativo

Presente (*he, has, ha*...): forma el pretérito perfecto compuesto.

Pretérito imperfecto (*había, habías, había*...): forma el pretérito pluscuamperfecto.

Pretérito perfecto simple (*hube, hubiste, hubo*...): forma el pretérito anterior.

Futuro (*habré, habrás, habrá*...): forma el futuro perfecto.

Condicional (*habría, habrías, habría*...): forma el condicional perfecto.

Modo subjuntivo

Presente (*haya, hayas, haya*...): forma el pretérito perfecto.

Pretérito imperfecto (*hubiera* o *hubiese, hubieras* o *hubieses*...): forma el pretérito pluscuamperfecto.

Futuro (*hubiere, hubieses, hubiere*...): forma el futuro perfecto.

Hacer

Formas no personales

Infinitivo	Gerundio	Participio
hacer	haciendo	**hecho**

Formas personales

Modo indicativo		
Presente	Pretérito perf. simple	Futuro
yo **hago**	yo **hice**	yo **haré**
tú haces	tú **hiciste**	tú **harás**
él hace	él **hizo**	él **hará**
nosotros hacemos	nosotros **hicimos**	nosotros **haremos**
vosotros hacéis	vosotros **hicisteis**	vosotros **haréis**
ellos hacen	ellos **hicieron**	ellos **harán**

Modo indicativo
Condicional
yo **haría**
tú **harías**
él **haría**
nosotros **haríamos**
vosotros **haríais**
ellos **harían**

Modo subjuntivo	
Presente	Futuro
yo **haga**	yo **hiciere**
tú **hagas**	tú **hicieres**
él **haga**	él **hiciere**
nosotros **hagamos**	nosotros **hiciéremos**
vosotros **hagáis**	vosotros **hiciereis**
ellos **hagan**	ellos **hicieren**

Modo subjuntivo
Pretérito imperfecto
yo **hiciera** o **hiciese**
tú **hicieras** o **hicieses**
él **hiciera** o **hiciese**
nosotros **hiciéramos** o **hiciésemos**
vosotros **hicierais** o **hicieseis**
ellos **hicieran** o **hiciesen**

Modo imperativo
Presente
haz tú
haga usted
hagamos nosotros
haced vosotros
hagan ustedes

Se conjugan según este modelo: ***deshacer***, ***rehacer***.

Huir

Formas no personales

Infinitivo	Gerundio	Participio
huir	**huyendo**	huido

Formas personales

Modo indicativo	
Presente	Pretérito perf. simple
yo **huyo**	yo huí
tú **huyes**	tú huiste
él **huye**	él **huyó**
nosotros huimos	nosotros huimos
vosotros huís	vosotros huisteis
ellos **huyen**	ellos **huyeron**

Modo subjuntivo	
Presente	Pretérito imperfecto
yo **huya**	yo **huyera** o **huyese**
tú **huyas**	tú **huyeras** o **huyeses**
él **huya**	él **huyera** o **huyese**
nosotros **huyamos**	nosotros **huyéramos** o **huyésemos**
vosotros **huyáis**	vosotros **huyerais** o **huyeseis**
ellos **huyan**	ellos **huyeran** o **huyesen**

Modo subjuntivo
Futuro
yo **huyere**
tú **huyeres**
él **huyere**
nosotros **huyéremos**
vosotros **huyereis**
ellos **huyeren**

Modo imperativo
Presente
huye tú
huya usted
huyamos nosotros
huid vosotros
huyan ustedes

Se conjugan según este modelo: ***atribuir***, ***concluir***, ***construir***, ***excluir***, ***obstruir***, ***sustituir***.

Ir

Formas no personales

Infinitivo	Gerundio	Participio
ir	**yendo**	ido

Formas personales

Modo indicativo		
Presente	**Pretérito imperfecto**	**Pretérito perf. simple**
yo **voy**	yo **iba**	yo **fui**
tú **vas**	tú **ibas**	tú **fuiste**
él **va**	él **iba**	él **fue**
nosotros **vamos**	nosotros **íbamos**	nosotros **fuimos**
vosotros **vais**	vosotros **ibais**	vosotros **fuisteis**
ellos **van**	ellos **iban**	ellos **fueron**

Modo subjuntivo	
Presente	**Pretérito imperfecto**
yo **vaya**	yo **fuera** o **fuese**
tú **vayas**	tú **fueras** o **fueses**
él **vaya**	él **fuera** o **fuese**
nosotros **vayamos**	nosotros **fuéramos** o **fuésemos**
vosotros **vayáis**	vosotros **fuerais** o **fueseis**
ellos **vayan**	ellos **fueran** o **fuesen**

Modo subjuntivo
Futuro
yo **fuere**
tú **fueres**
él **fuere**
nosotros **fuéremos**
vosotros **fuereis**
ellos **fueren**

Modo imperativo
Presente
ve tú
vaya usted
vayamos nosotros
id vosotros
vayan ustedes

Leer

Formas no personales

Infinitivo	Gerundio	Participio
leer	**leyendo**	leído

Formas personales

Modo indicativo
Pretérito perf. simple
yo leí
tú leíste
él **leyó**
nosotros leímos
vosotros leísteis
ellos **leyeron**

Modo subjuntivo
Pretérito imperfecto
yo **leyera** o **leyese**
tú **leyeras** o **leyeses**
él **leyera** o **leyese**
nosotros **leyéramos** o **leyésemos**
vosotros **leyerais** o **leyeseis**
ellos **leyeran** o **leyesen**

Modo subjuntivo
Futuro
yo **leyere**
tú **leyeres**
él **leyere**
nosotros **leyéremos**
vosotros **leyereis**
ellos **leyeren**

Se conjugan según este modelo: ***creer***, ***poseer***, ***releer***.

Medir

Formas no personales

Infinitivo	Gerundio	Participio
medir	**midiendo**	medido

Formas personales

Modo indicativo	
Presente	**Pretérito perf. simple**
yo **mido**	yo medí
tú **mides**	tú mediste
él **mide**	él **midió**
nosotros medimos	nosotros medimos
vosotros medís	vosotros medisteis
ellos **miden**	ellos **midieron**

Modo subjuntivo	
Presente	**Pretérito imperfecto**
yo **mida**	yo **midiera** o **midiese**
tú **midas**	tú **midieras** o **midieses**
él **mida**	él **midiera** o **midiese**
nosotros **midamos**	nosotros **midiéramos** o **midiésemos**
vosotros **midáis**	vosotros **midierais** o **midieseis**
ellos **midan**	ellos **midieran** o **midiesen**

Modo subjuntivo
Futuro
yo **midiere**
tú **midieres**
él **midiere**
nosotros **midiéremos**
vosotros **midiereis**
ellos **midieren**

Modo imperativo
Presente
mide tú
mida usted
midamos nosotros
medid vosotros
midan ustedes

Se conjugan según este modelo: ***competir***, ***derretir***, ***pedir***, ***repetir***, ***rendir***, ***servir***, ***vestir***.

Mover

Modo indicativo	Modo subjuntivo	Modo imperativo
Presente	Presente	Presente
yo **muevo**	yo **mueva**	
tú **mueves**	tú **muevas**	**mueve** tú
él **mueve**	él **mueva**	**mueva** usted
nosotros movemos	nosotros movamos	movamos nosotros
vosotros movéis	vosotros mováis	moved vosotros
ellos **mueven**	ellos **muevan**	**muevan** ustedes

Se conjugan según este modelo: ***conmover***, ***demoler***, ***doler***, ***morder***, ***remover***.

Oír

Formas no personales

Infinitivo	Gerundio	Participio
oír	**oyendo**	oído

Formas personales

Modo indicativo	
Presente	Pretérito perf. simple
yo **oigo**	yo oí
tú **oyes**	tú oíste
él **oye**	él **oyó**
nosotros oímos	nosotros oímos
vosotros oís	vosotros oísteis
ellos **oyen**	ellos **oyeron**

Modo subjuntivo	
Presente	Pretérito imperfecto
yo **oiga**	yo **oyera** u **oyese**
tú **oigas**	tú **oyeras** u **oyeses**
él **oiga**	él **oyera** u **oyese**
nosotros **oigamos**	nosotros **oyéramos** u **oyésemos**
vosotros **oigáis**	vosotros **oyerais** u **oyeseis**
ellos **oigan**	ellos **oyeran** u **oyesen**

Modo subjuntivo
Futuro
yo **oyere**
tú **oyeres**
él **oyere**
nosotros **oyéremos**
vosotros **oyereis**
ellos **oyeren**

Modo imperativo
Presente
oye tú
oiga usted
oigamos nosotros
oíd vosotros
oigan ustedes

Se conjugan según este modelo: ***desoír***, ***entreoír***.

Oler

Modo indicativo	Modo subjuntivo	Modo imperativo
Presente	Presente	Presente
yo **huelo**	yo **huela**	
tú **hueles**	tú **huelas**	**huele** tú
él **huele**	él **huela**	**huela** usted
nosotros olemos	nosotros olamos	olamos nosotros
vosotros oléis	vosotros oláis	oled vosotros
ellos **huelen**	ellos **huelan**	**huelan** ustedes

Poner

Formas no personales

Infinitivo	Gerundio	Participio
poner	poniendo	**puesto**

Formas personales

Modo indicativo		
Presente	Pretérito perf. simple	Futuro
yo **pongo**	yo **puse**	yo **pondré**
tú pones	tú **pusiste**	tú **pondrás**
él pone	él **puso**	él **pondrá**
nosotros ponemos	nosotros **pusimos**	nosotros **pondremos**
vosotros ponéis	vosotros **pusisteis**	vosotros **pondréis**
ellos ponen	ellos **pusieron**	ellos **pondrán**

Modo indicativo	Modo subjuntivo	
Condicional	Presente	Futuro
yo **pondría**	yo **ponga**	yo **pusiere**
tú **pondrías**	tú **pongas**	tú **pusieres**
él **pondría**	él **ponga**	él **pusiere**
nosotros **pondríamos**	nosotros **pongamos**	nosotros **pusiéremos**
vosotros **pondríais**	vosotros **pongáis**	vosotros **pusiereis**
ellos **pondrían**	ellos **pongan**	ellos **pusieren**

Modo subjuntivo	Modo imperativo
Pretérito imperfecto	Presente
yo **pusiera** o **pusiese**	
tú **pusieras** o **pusieses**	**pon** tú
él **pusiera** o **pusiese**	**ponga** usted
nosotros **pusiéramos** o **pusiésemos**	**pongamos** nosotros
vosotros **pusierais** o **pusieseis**	poned vosotros
ellos **pusieran** o **pusiesen**	**pongan** ustedes

Se conjugan según este modelo: ***anteponer***, ***componer***, ***disponer***, ***exponer***, ***proponer***, ***suponer***.

Probar

Modo indicativo	Modo subjuntivo	Modo imperativo
Presente	Presente	Presente
yo **pruebo**	yo **pruebe**	
tú **pruebas**	tú **pruebes**	**prueba** tú
él **prueba**	él **pruebe**	**pruebe** usted
nosotros probamos	nosotros probemos	probemos nosotros
vosotros probáis	vosotros probéis	probad vosotros
ellos **prueban**	ellos **prueben**	**prueben** ustedes

Se conjugan según este modelo: ***acordar***, ***aprobar***, ***comprobar***, ***contar***, ***costar***, ***encontrar***, ***mostrar***, ***poblar***, ***recordar***, ***tostar***.

Querer

Modo indicativo		
Presente	**Pretérito perf. simple**	**Futuro**
yo **quiero**	yo **quise**	yo **querré**
tú **quieres**	tú **quisiste**	tú **querrás**
él **quiere**	él **quiso**	él **querrá**
nosotros queremos	nosotros **quisimos**	nosotros **querremos**
vosotros queréis	vosotros **quisisteis**	vosotros **querréis**
ellos **quieren**	ellos **quisieron**	ellos **querrán**

Modo indicativo
Condicional
yo **querría**
tú **querrías**
él **querría**
nosotros **querríamos**
vosotros **querríais**
ellos **querrían**

Modo subjuntivo	
Presente	**Futuro**
yo **quiera**	yo **quisiere**
tú **quieras**	tú **quisieres**
él **quiera**	él **quisiere**
nosotros queramos	nosotros **quisiéremos**
vosotros queráis	vosotros **quisiereis**
ellos **quieran**	ellos **quisieren**

Modo subjuntivo
Pretérito imperfecto
yo **quisiera** o **quisiese**
tú **quisieras** o **quisieses**
él **quisiera** o **quisiese**
nosotros **quisiéramos** o **quisiésemos**
vosotros **quisierais** o **quisieseis**
ellos **quisieran** o **quisiesen**

Modo imperativo
Presente
quiere tú
quiera usted
queramos nosotros
quered vosotros
quieran ustedes

Reír

Formas no personales

Infinitivo	Gerundio	Participio
reír	**riendo**	reído

Formas personales

Modo indicativo	
Presente	**Pretérito perf. simple**
yo **río**	yo reí
tú **ríes**	tú reíste
él **ríe**	él **rió**
nosotros reímos	nosotros reímos
vosotros reís	vosotros reísteis
ellos **ríen**	ellos **rieron**

Modo subjuntivo	
Presente	**Pretérito imperfecto**
yo **ría**	yo **riera** o **riese**
tú **rías**	tú **rieras** o **rieses**
él **ría**	él **riera** o **riese**
nosotros **riamos**	nosotros **riéramos** o **riésemos**
vosotros **riáis**	vosotros **rierais** o **rieseis**
ellos **rían**	ellos **rieran** o **riesen**

Modo subjuntivo
Futuro
yo **riere**
tú **rieres**
él **riere**
nosotros **riéremos**
vosotros **riereis**
ellos **rieren**

Modo imperativo
Presente
ríe tú
ría usted
riamos nosotros
reíd vosotros
rían ustedes

Se conjugan según este modelo: ***freír*** (con dos participios, uno regular: ***freído***, y otro irregular: ***frito***), ***sonreír***.

Saber

Modo indicativo		
Presente	**Pretérito perf. simple**	**Futuro**
yo **sé**	yo **supe**	yo **sabré**
tú sabes	tú **supiste**	tú **sabrás**
él sabe	él **supo**	él **sabrá**
nosotros sabemos	nosotros **supimos**	nosotros **sabremos**
vosotros sabéis	vosotros **supisteis**	vosotros **sabréis**
ellos saben	ellos **supieron**	ellos **sabrán**

Modo indicativo
Condicional
yo **sabría**
tú **sabrías**
él **sabría**
nosotros **sabríamos**
vosotros **sabríais**
ellos **sabrían**

Modo subjuntivo	
Presente	**Futuro**
yo **sepa**	yo **supiere**
tú **sepas**	tú **supieres**
él **sepa**	él **supiere**
nosotros **sepamos**	nosotros **supiéremos**
vosotros **sepáis**	vosotros **supiereis**
ellos **sepan**	ellos **supieren**

Modo subjuntivo
Pretérito imperfecto
yo **supiera** o **supiese**
tú **supieras** o **supieses**
él **supiera** o **supiese**
nosotros **supiéramos** o **supiésemos**
vosotros **supierais** o **supieseis**
ellos **supieran** o **supiesen**

Modo imperativo
Presente
sabe tú
sepa usted
sepamos nosotros
sabed vosotros
sepan ustedes

Salir

Modo indicativo		
Presente	Futuro	Condicional
yo **salgo**	yo **saldré**	yo **saldría**
tú sales	tú **saldrás**	tú **saldrías**
él sale	él **saldrá**	él **saldría**
nosotros salimos	nosotros **saldremos**	nosotros **saldríamos**
vosotros salís	vosotros **saldréis**	vosotros **saldríais**
ellos salen	ellos **saldrán**	ellos **saldrían**

Modo subjuntivo
Presente
yo **salga**
tú **salgas**
él **salga**
nosotros **salgamos**
vosotros **salgáis**
ellos **salgan**

Se conjuga según este modelo: ***sobresalir***.

Sentir

Formas no personales

Infinitivo	Gerundio	Participio
sentir	**sintiendo**	sentido

Formas personales

Modo indicativo	
Presente	Pretérito perf. simple
yo **siento**	yo sentí
tú **sientes**	tú sentiste
él **siente**	él **sintió**
nosotros sentimos	nosotros sentimos
vosotros sentís	vosotros sentisteis
ellos **sienten**	ellos **sintieron**

Modo subjuntivo	
Presente	Pretérito imperfecto
yo **sienta**	yo **sintiera** o **sintiese**
tú **sientas**	tú **sintieras** o **sintieses**
él **sienta**	él **sintiera** o **sintiese**
nosotros **sintamos**	nosotros **sintiéramos** o **sintiésemos**
vosotros **sintáis**	vosotros **sintierais** o **sintieseis**
ellos **sientan**	ellos **sintieran** o **sintiesen**

Modo subjuntivo
Futuro
yo **sintiere**
tú **sintieres**
él **sintiere**
nosotros **sintiéremos**
vosotros **sintiereis**
ellos **sintieren**

Modo imperativo
Presente
siente tú
sienta usted
sintamos nosotros
sentid vosotros
sientan ustedes

Se conjugan según este modelo: ***advertir***, ***arrepentirse***, ***convertir***, ***divertir***, ***herir***, ***hervir***, ***mentir***, ***preferir***.

Ser

Modo indicativo		
Presente	Pretérito imperfecto	Pretérito perf. simple
yo **soy**	yo **era**	yo **fui**
tú **eres**	tú **eras**	tú **fuiste**
él **es**	él **era**	él **fue**
nosotros **somos**	nosotros **éramos**	nosotros **fuimos**
vosotros **sois**	vosotros **erais**	vosotros **fuisteis**
ellos **son**	ellos **eran**	ellos **fueron**

Modo subjuntivo	
Presente	Pretérito imperfecto
yo **sea**	yo **fuera** o **fuese**
tú **seas**	tú **fueras** o **fueses**
él **sea**	él **fuera** o **fuese**
nosotros **seamos**	nosotros **fuéramos** o **fuésemos**
vosotros **seáis**	vosotros **fuerais** o **fueseis**
ellos **sean**	ellos **fueran** o **fuesen**

Modo subjuntivo
Futuro
yo **fuere**
tú **fueres**
él **fuere**
nosotros **fuéremos**
vosotros **fuereis**
ellos **fueren**

Modo imperativo
Presente
sé tú
sea usted
seamos nosotros
sed vosotros
sean ustedes

Tender

Modo indicativo	Modo subjuntivo	Modo imperativo
Presente	Presente	Presente
yo **tiendo**	yo **tienda**	
tú **tiendes**	tú **tiendas**	**tiende** tú
él **tiende**	él **tienda**	**tienda** usted
nosotros tendemos	nosotros tendamos	tendamos nosotros
vosotros tendéis	vosotros tendáis	tended vosotros
ellos **tienden**	ellos **tiendan**	**tiendan** ustedes

Se conjugan según este modelo: ***atender***, ***descender***, ***encender***, ***entender***, ***extender***, ***perder***.

Tener

Modo indicativo		
Presente	**Pretérito perf. simple**	**Futuro**
yo **tengo**	yo **tuve**	yo **tendré**
tú **tienes**	tú **tuviste**	tú **tendrás**
él **tiene**	él **tuvo**	él **tendrá**
nosotros tenemos	nosotros **tuvimos**	nosotros **tendremos**
vosotros tenéis	vosotros **tuvisteis**	vosotros **tendréis**
ellos **tienen**	ellos **tuvieron**	ellos **tendrán**

Modo indicativo
Condicional
yo **tendría**
tú **tendrías**
él **tendría**
nosotros **tendríamos**
vosotros **tendríais**
ellos **tendrían**

Modo subjuntivo	
Presente	**Futuro**
yo **tenga**	yo **tuviere**
tú **tengas**	tú **tuvieres**
él **tenga**	él **tuviere**
nosotros **tengamos**	nosotros **tuviéremos**
vosotros **tengáis**	vosotros **tuviereis**
ellos **tengan**	ellos **tuvieren**

Modo subjuntivo
Pretérito imperfecto
yo **tuviera** o **tuviese**
tú **tuvieras** o **tuvieses**
él **tuviera** o **tuviese**
nosotros **tuviéramos** o **tuviésemos**
vosotros **tuvierais** o **tuvieseis**
ellos **tuvieran** o **tuviesen**

Modo imperativo
Presente
ten tú
tenga usted
tengamos nosotros
tened vosotros
tengan ustedes

Se conjugan según este modelo:
contener, ***detener***, ***mantener***, ***obtener***, ***retener***, ***sostener***.

Traer

Modo indicativo	
Presente	Pretérito perf. simple
yo **traigo**	yo **traje**
tú traes	tú **trajiste**
él trae	él **trajo**
nosotros traemos	nosotros **trajimos**
vosotros traéis	vosotros **trajisteis**
ellos traen	ellos **trajeron**

Modo subjuntivo	
Presente	Pretérito imperfecto
yo **traiga**	yo **trajera** o **trajese**
tú **traigas**	tú **trajeras** o **trajeses**
él **traiga**	él **trajera** o **trajese**
nosotros **traigamos**	nosotros **trajéramos** o **trajésemos**
vosotros **traigáis**	vosotros **trajerais** o **trajeseis**
ellos **traigan**	ellos **trajeran** o **trajesen**

Modo subjuntivo
Futuro
yo **trajere**
tú **trajeres**
él **trajere**
nosotros **trajéremos**
vosotros **trajereis**
ellos **trajeren**

Modo imperativo
Presente
trae tú
traiga usted
traigamos nosotros
traed vosotros
traigan ustedes

Se conjugan según este modelo: ***atraer***, ***contraer***, ***distraer***, ***extraer***, ***retraer***.

Valer

Modo indicativo		
Presente	Futuro	Condicional
yo **valgo**	yo **valdré**	yo **valdría**
tú vales	tú **valdrás**	tú **valdrías**
él vale	él **valdrá**	él **valdría**
nosotros valemos	nosotros **valdremos**	nosotros **valdríamos**
vosotros valéis	vosotros **valdréis**	vosotros **valdríais**
ellos valen	ellos **valdrán**	ellos **valdrían**

Modo subjuntivo
Presente
yo **valga**
tú **valgas**
él **valga**
nosotros **valgamos**
vosotros **valgáis**
ellos **valgan**

Modo imperativo
Presente
vale tú
valga usted
valgamos nosotros
valed vosotros
valgan ustedes

Se conjuga según este modelo: ***equivaler***.

Venir

Formas no personales

Infinitivo	Gerundio	Participio
venir	**viniendo**	venido

Formas personales

Modo indicativo		
Presente	Pretérito perf. simple	Futuro
yo **vengo**	yo **vine**	yo **vendré**
tú **vienes**	tú **viniste**	tú **vendrás**
él **viene**	él **vino**	él **vendrá**
nosotros venimos	nosotros **vinimos**	nosotros **vendremos**
vosotros venís	vosotros **vinisteis**	vosotros **vendréis**
ellos **vienen**	ellos **vinieron**	ellos **vendrán**

Modo indicativo
Condicional
yo **vendría**
tú **vendrías**
él **vendría**
nosotros **vendríamos**
vosotros **vendríais**
ellos **vendrían**

Modo subjuntivo	
Presente	Futuro
yo **venga**	yo **viniere**
tú **vengas**	tú **vinieres**
él **venga**	él **viniere**
nosotros **vengamos**	nosotros **viniéremos**
vosotros **vengáis**	vosotros **viniereis**
ellos **vengan**	ellos **vinieren**

Modo subjuntivo
Pretérito imperfecto
yo **viniera** o **viniese**
tú **vinieras** o **vinieses**
él **viniera** o **viniese**
nosotros **viniéramos** o **viniésemos**
vosotros **vinierais** o **vinieseis**
ellos **vinieran** o **viniesen**

Modo imperativo
Presente
ven tú
venga usted
vengamos nosotros
venid vosotros
vengan ustedes

Se conjugan según este modelo: ***convenir***, ***intervenir***, ***prevenir***, ***provenir***.

Ver

Formas no personales

Infinitivo	Gerundio	Participio
ver	**viendo**	**visto**

Formas personales

Modo indicativo	
Presente	Pretérito imperfecto
yo **veo**	yo **veía**
tú ves	tú **veías**
él ve	él **veía**
nosotros vemos	nosotros **veíamos**
vosotros véis	vosotros **veíais**
ellos ven	ellos **veían**

Modo subjuntivo	
Presente	Pretérito imperfecto
yo **vea**	yo **viera** o **viese**
tú **veas**	tú **vieras** o **vieses**
él **vea**	él **viera** o **viese**
nosotros **veamos**	nosotros **viéramos** o **viésemos**
vosotros **veáis**	vosotros **vierais** o **vieseis**
ellos **vean**	ellos **vieran** o **viesen**

Modo subjuntivo
Futuro
yo **viere**
tú **vieres**
él **viere**
nosotros **viéremos**
vosotros **viereis**
ellos **vieren**

Modo imperativo
Presente
ve tú
vea usted
veamos nosotros
ved vosotros
vean ustedes

Se conjugan según este modelo: ***entrever***, ***prever***.

Volver

Formas no personales

Infinitivo	Gerundio	Participio
volver	volviendo	**vuelto**

Formas personales

Modo indicativo	Modo subjuntivo	Modo imperativo
Presente	Presente	Presente
yo **vuelvo**	yo **vuelva**	
tú **vuelves**	tú **vuelvas**	**vuelve** tú
él **vuelve**	él **vuelva**	**vuelva** usted
nosotros volvemos	nosotros volvamos	volvamos nosotros
vosotros volvéis	vosotros volváis	volved vosotros
ellos **vuelven**	ellos **vuelvan**	**vuelvan** ustedes

Se conjugan según este modelo: ***absolver***, ***desenvolver***, ***devolver***, ***disolver***, ***envolver***, ***resolver***, ***revolver***.

Algunas **dudas** en el

adelante / delante

El uso de ***adelante*** no es el mismo que el de ***delante.***
Adelante significa 'avanzar', expresa una idea de movimiento; en cambio, *delante* indica 'situación':

*Si sigues más **adelante** encontrarás una gasolinera.*
(= Si avanzas un poco más...)

*No te pongas **delante** de la tele, que no veo.*
(= No te sitúes...)

Es incorrecta la forma ~~*alante*~~.

al / del

Cuando el artículo lleva delante las preposiciones *a* o *de,* tres de sus formas permanecen iguales (*la, los* y *las),* pero el masculino singular *el* se convierte en ***al*** y ***del***. Compara:

*Dales pan **a las** palomas. / Enséñale el dibujo **al** abuelo.*
*Éste es el dormitorio **de los** niños. / Ha subido el vecino **del** primero.*

andar

Andar es un verbo irregular. El pretérito perfecto simple es:

yo ***anduve***
tu ***anduviste***
el / ella ***anduvo***
nosotros / nosotras ***anduvimos***
vosotros / nosotras ***anduvisteis***
ellos / ellas ***anduvieron***

Son incorrectas las formas:
~~*andé*~~, ~~*andaste*~~, ~~*andó*~~, ~~*andamos*~~, ~~*andasteis*~~, ~~*andaron*~~.

así

Es un adverbio de modo: *Me gustan los días **así**: muy soleados.*

Es incorrecta la forma ~~*asín*~~.

atrás / detrás

El caso de ***atrás / detrás*** es parecido al de *adelante/delante*; *atrás* acompaña a verbos de movimiento, mientras que *detrás* se refiere a un estado o situación:

*Échate más **atrás**, por favor.*
(= Vete hacia atrás...)

***Detrás** de mi casa hay un parque.*
(= Detrás de mi casa se encuentra...)

contra

Contra es una preposición que significa 'enfrentamiento'. A veces se confunde con el adverbio *cuanto*, pero es una incorrección. Debe decirse:
***Cuanto más** lo pienso, más ganas tengo de ir*,
y no *~~contra~~ más lo pienso.*

delante de mí...

Las expresiones correctas son ***delante de mí***, ***detrás de ella***, ***encima de ti***, ***debajo de él***. No deben usarse con los posesivos, ***mío***, ***tuyo***, ***suyo***..., ya que, en realidad no indican 'posesión', sino 'situación'.

de que

La preposición ***de***, a veces, aparece seguida de ***que***:
*Antes **de que** te vayas, avísame.*
*Me enteré **de que** habían estado de compras.*

Sin embargo, otras veces, se usan incorrectamente:
Pienso ~~de~~ que ésa no es la solución.
Dijo ~~de~~ que nos ayudaría.

Para saber si la preposición *de* debe usarse o no, hay que comprobar si la necesita el verbo: no se «piensa de algo», sino «sobre algo» o simplemente «algo»:
Pienso que ésa no es la solución.

Sin embargo, sí «se entera uno de una cosa»:
Me enteré de que ya se habían ido.

el / un + sustantivo femenino

Los sustantivos femeninos que comienzan por ***a-*** o ***ha-*** tónicas se construyen en singular con el artículo masculino ***el***:
el agua, *el hambre*, y con el indefinido ***un***: *un águila*, *un hada*.

Sin embargo, el resto de determinantes se usan en femenino:
esta agua, *mucha hambre*, *ninguna hada*.

El adjetivo

Concordancia con el sustantivo

El adjetivo concuerda con el sustantivo al que acompaña en género y número. Y, en ocasiones, un solo adjetivo puede complementar a varios sustantivos a la vez:

- En cuanto al **número**:
  - Si complementa a más de un sustantivo, el **número** del adjetivo será **plural**: *Marina tiene un perro y un gato* ***preciosos***.
- En cuanto al **género**:
  - Si todos los sustantivos son **femeninos**, el adjetivo será **femenino**; si todos los sustantivos son **masculinos**, el adjetivo será **masculino**: *Cristina y Sara llegaron* ***empapadas***; *Nicolás tiene el pelo y los ojos* ***negros***.
  - Si estos sustantivos son de **diferentes géneros**, entonces el adjetivo irá siempre en **masculino**: *En esa tienda vendían un ordenador y una impresora muy* ***baratos***.

Grados del adjetivo

Algunos adjetivos presentan una forma especial cuando expresan el grado **comparativo** de **superioridad** y, a veces, también cuando expresan el **superlativo**:

Grado positivo	Grado comparativo de superioridad	Grado superlativo
pequeño	más pequeño **menor**	muy pequeño pequeñísimo **mínimo**
grande	más grande **mayor** (no ~~*más mayor*~~)	muy grande grandísimo
bueno	**mejor** (no ~~*más bueno*~~)	muy bueno buenísimo **óptimo**
malo	**peor** (no ~~*más malo*~~)	muy malo malísimo **pésimo**

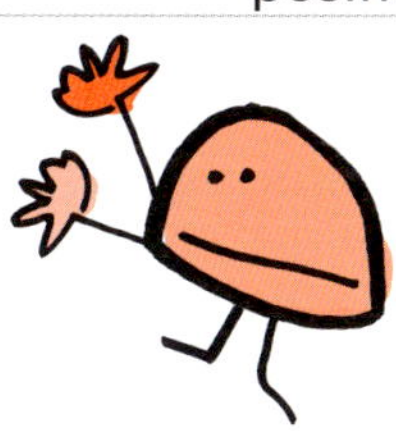

Formas verbales

Presente de indicativo y pretérito perfecto simple

La forma verbal ~~*semos*~~ en lugar de *somos* es incorrecta. Antiguamente se decía así, pero hoy se considera un vulgarismo. Por contagio con la forma ~~*semos*~~, hay personas que dicen ~~*merendemos*~~, ~~*juguemos*~~... donde deberían emplear un pretérito perfecto simple: *Ayer* ~~*merendemos*~~ *en casa de Fran* (por *Ayer* ***merendamos*** *en casa de Fran*), *El otro día* ~~*juguemos*~~ *un partido contra los mayores* (por *El otro día* ***jugamos*** *un partido contra los mayores*).

Pretérito perfecto simple

Las segundas personas del singular de todas las formas verbales acaban en ***-s***, excepto la **segunda persona del pretérito perfecto simple**, con desinencia ***-ste***. Es fácil confundirse y poner esa *-s* al final de este tiempo, pero esas formas son incorrectas. Hay que decir: *pensaste*, *viste*, *terminaste* y no ~~*pensastes*~~, ~~*vistes*~~, ~~*terminastes*~~.

Imperativo

También es muy común sustituir la ***-d*** de la segunda persona plural del **imperativo** por una ***-r***; sin embargo, no es lo correcto. Debe decirse: ***Venid*** *con nosotros* y no ~~*Venir*~~ *con nosotros*.

Esta segunda persona del plural pierde la ***-d*** cuando va seguida del pronombre átono *os*: ***Poneos*** *cómodos*. ***Callaos*** *de una vez*.

Participio

Se considera un uso vulgar suprimir la ***-d-*** de los participios. Por eso, lo correcto es decir *encant**ado*** y no ~~*encantao*~~.

gustar

A veces se oyen usos incorrectos con el verbo ***gustar*** del tipo ~~*Yo me gustan los deportes*~~. *Yo* es un pronombre personal cuya función siempre es la de sujeto, pero en la oración anterior el sujeto es *los deportes,* no *yo.* Lo correcto es ***A mí me gustan*** *los deportes*.

haber

El verbo ***haber*** se usa para formar los tiempos compuestos, pero también puede ir solo y entonces funciona como verbo impersonal. Los verbos impersonales se conjugan sólo en tercera persona del singular, por eso lo correcto es decir:
Había *cuatro personas esperando el autobús.*
(Nunca ~~*Habían*~~ *cuatro personas*).

Hay / ahí / ay

Hay es la forma de tercera persona del singular del presente del verbo *haber*, usado como impersonal:

Hay *un montón de comida en la nevera.*

Ahí es un adverbio de lugar:

Tiene que estar ***ahí****, en el segundo cajón.*

Ay es una interjección que indica dolor, sorpresa…:

*¡****Ay****, qué empujón me has dado!*

Los numerales

Los numerales ordinales correspondientes a 11.º y 12.º son ***undécimo*** y ***duodécimo***. A veces se oye incorrectamente: ~~*decimoprimero*~~ y ~~*decimosegundo*~~.

Los numerales ***doceavo***, ***treceavo***, ***catorceavo***... no indican un orden (por tanto, no deben emplearse como ordinales), sino una parte que se toma de un todo:
La doceava parte de la población votó en contra.

porque / porqué / por qué

Porque es una conjunción con la que se indica la 'causa' de algo:

Me he perdido el principio de la película ***porque*** *he llegado tarde.*

Junto y con tilde: ***porqué***, es un sustantivo:

Explícame el ***porqué*** *de tu decisión.*

Por qué, separado, está formado por dos palabras: ***por***, preposición, y el interrogativo ***qué***:

*¿****Por qué*** *no quieres salir en la foto?*

se me / se te

Cuando el pronombre ***se*** aparece junto con otro pronombre átono, ***se*** siempre va delante:
Se me cayó al suelo
(No debe decirse al revés: ~~*Me se cayó al suelo*~~).

sino / si no

Sino es una conjunción adversativa que indica contraposición de ideas, de acciones, etc. No debe confundirse con ***si no***, separado y formado por dos palabras: ***si*** (otro tipo de conjunción), y ***no*** (adverbio de negación):

En Europa no usamos dólares, **sino** *euros.*
(Se contraponen los dólares y los euros).

Si no *quedan entradas para el teatro, entonces iremos al cine.*
(No se expresa ninguna contraposición; se expresa una condición).

y / e
o / u

Ante una palabra que empieza por ***i-*** o por ***hi-***, la conjunción ***y*** se convierte en ***e*** (*verano* ***e i****nvierno; castañas* ***e hi****gos*); y ante una palabra que empieza por ***o-*** o por ***ho-***, la conjunción ***o*** se convierte en ***u*** (*seres* ***u o****bjetos; mujer* ***u ho****mbre*).